隔代养育智慧丛书/乐善耀 主编

祖辈养育的新角色

岳坤 著

上海人民出版社 上海远东出版社

图书在版编目(CIP)数据

祖辈养育的新角色/岳坤著.—上海：上海远东出版社，2020
(隔代养育智慧丛书/乐善耀主编)
ISBN 978-7-5476-1604-8

Ⅰ. ①祖… Ⅱ. ①岳… Ⅲ. ①家庭教育 Ⅳ. ①G78

中国版本图书馆 CIP 数据核字(2020)第 172352 号

责任编辑 祁东城
插　　画 王　峥
封面设计 李　廉

隔代养育智慧丛书
祖辈养育的新角色
岳　坤　著

出　　版 上海遠東出版社
(200235　中国上海市钦州南路 81 号)
发　　行 上海人民出版社发行中心
印　　刷 上海信老印刷厂
开　　本 890×1240　1/32
印　　张 6
字　　数 100,000
版　　次 2020 年 10 月第 1 版
印　　次 2020 年 10 月第 1 次印刷
ISBN 978-7-5476-1604-8/G·1069
定　　价 36.00 元

隔代养育智慧丛书

编委会名单

丛书总序

在年轻父母和爷爷奶奶的期待目光中，“隔代养育智慧丛书”出版了。

打开“隔代养育智慧丛书”的每一页，我们首先要寻找祖辈的智慧究竟在哪里。很多老人升格为祖辈后，既享受着儿孙绕膝的天伦之乐，又在参与养育第三代的过程中找回了失落的童心；但也有不少老人却说：“如今我等于自己又生了一个孩子，成了孙辈的爸妈。”有的祖辈忙碌并快乐着，在“得”与“失”的天平上找到了平衡；有的却在焦虑和烦恼中期待哪一天能拿到“解放证书”。同样是祖辈，体验到的却是两种截然不同的感受。原因是什么？界限在哪里？其实很简单，只有两个字，那便是：智慧。有智慧者必幸福，无智慧者则痛苦。

隔代亲是我国传统文化在家庭生活中的生动体现，祖辈参与第三代养育是我国家庭教育的一大特色与亮点，全国有80%的老人在不同程度参与养育第三代。每个家庭都有一个梦，不管是育儿梦还是育孙梦，不同的父母、不同的祖辈，必定有不同的梦，因为在梦的背后，便是孩子父母的智慧和祖辈的智慧。

祖辈的智慧在哪里？在现代价值观念里。祖辈与自己的儿女相比，他们早在几十年之前所接受的教育，当年老人头脑中的儿童观、教育观和人才观与今天相比，当然不能同日而语。比如“树大自然直”，比如“听话的孩子才是好孩子”，等等，如果今天的祖辈依然抱着过去的陈旧观念不放，不终身学习，不自我改变，怎么可能成为智慧的祖辈？

祖辈的智慧在哪里？在三代同堂的家庭人际关系里。究竟是“孙子第一”还是“关系第一”？其实，家庭是一个生态系统，祖辈教育学其核心是家庭人际关系学。如果祖辈自身不能正确定位，不能处理好与儿女辈、孙辈和亲家的关系，过度介入儿女小家庭的生活，怎么可能成为智慧的祖辈？

祖辈的智慧在哪里？在祖辈的多元角色里。今天的社会是多元的，祖辈在参与养育第三代的家庭生活中，他们的角色也是多元的。有的老人以主人自居，倚老卖老；有的号称自己是客人，把孙子当作宠物；也有的心甘情愿为孙子当仆人。俗话说“没有孙子想孙子，有了孙子当孙子”，这样的祖辈有智慧吗？

祖辈的智慧在哪里？在祖辈健康阳光的心态里。如果祖辈整天为孙辈的健康而烦恼，为孙辈的分数而焦虑，不懂得适时而得体地退出，没有自己独立的生活空间，没有阳光的心态，这样的祖辈有智慧吗？

为了寻找智慧的祖辈，2019 年 12 月 24 日，上海开放大学、上海家庭教育指导服务中心通过“育孙宝”微信公众号向全国老人发起“祖辈参与养育第三代的故事”征文活动。活动启动后，吸引了很多爷爷奶奶和外公外婆积极参与。很多祖辈通过自己参与养育第三代的经历，与大家分享自己转变教育观念，促进孙辈健康成长的体会；叙述自己如何协助儿女，当好帮手，协调两亲家的关系，传好接力棒，形成教育合力的过程和感悟；也有老人总结了自己与孙辈一起成长，以适应家庭多重角色的人生智慧；更有介绍自己争做开明、开心、开窍的阳光老人，学会自我心理调适的体验和感悟。

一个个祖辈参与养育的小故事，有血有肉，有温度，有深度。故事的主人，有的来自城市，有的是从农村进入大城市的新上海人；有的退休前是大学教授、基层领导，也有的曾经是上山下乡的知识青年。在他们的来稿中，无不体现了现代老人在新时代的价值观念和对理想的追求。他们用自己再成长的体会道出一个共同的心声：隔代养育是一门大学问，只有终身学习，才能与时俱进。他们说：有智慧的祖辈，才是快乐的祖辈；有智慧的祖辈，才是阳光的祖辈；有智慧的祖辈，才是幸福的祖辈。

党的十九届四中全会提出，要构建服务全民终身学习的服务体系。上海开放大学是老人终身学习的加油站，是实现老人再成长的助跑器。上海开放大学于2019年成立了上海家庭教育指导服务中心，以推进家庭教育的发展和提升社会治理效能为己任，积极开展“建设和美家庭、培育智慧父母、推广科学育儿、提升隔代养育”等各项活动。为了让广大祖辈在家庭中都能成为智慧的长者，享受天伦之乐，与孙辈共度幸福晚年，上海家庭教育指导服务中心着力打造“祖辈成长课堂”，并组织专家队伍编写“隔代养育智慧丛书”。

“隔代养育智慧丛书”共分五册，从教育学、心理学、家庭人际关系学、家庭生态学和家庭幸福学等不同层面、不同视角共同探讨同一个主题——隔代养育。

“隔代养育智慧丛书”具有以下三个特点：

第一，大量案例来自生活第一线。不同家庭虽千差万别，但每个案例兼顾共性和个性，每个案例都接地气，都在你我身边，具有真实性、可读性和典型性。

第二，坚持理论与实践相结合，给读者提供方法指南，具有可操作性。给不同家庭结构、不同地域的祖辈和他们的儿女提供育孙、育儿智慧，并收获家庭快乐和幸福。

第三，以全新的视角，全新的笔触，面向新时代，揭示家庭教育的新特点，解决祖辈参与育孙的新矛盾，打造家庭和谐的人际新关系，为千家万户开创幸福美满的新天地。本丛书不仅适合爷爷奶奶和外公外婆阅读，也适合年轻的父母阅读。

“隔代养育智慧丛书”从第一页到最后一页，都装有满满的爱和智慧，把它带给蓝天下的爷爷奶奶、外公外婆和孩子父母，让每个家庭都能收获一个接一个快乐，让幸福装满你我和大家。

乐善耀

2020 年 7 月 15 日

序

2017 年 4—6 月期间，为了解我国城市祖辈参与孙辈教养的真实状况，受中国教育学会委托，笔者所在的中国教育学会家庭教育专业委员会成立“中国城市家庭教养中的祖辈参与问题研究”课题组，在北京、广州、成都、哈尔滨、郑州、苏州 6 个城市开展了专项调研。调研面向小学四到六年级学生家庭，发放配套家庭问卷（每套含儿童问卷、父母问卷和祖辈问卷三种问卷）4 303 套，收回包含配套儿童问卷和父母问卷的有效家庭样本 3 601 个，其中，包含祖辈问卷数据（由祖辈自填）的样本 2 419 个。该调研运用家庭社会学和心理学的研究视角，对城市家庭中祖辈参与孙辈教养的现状形成了较为全面的认识，对祖辈参与教养对儿童祖辈、儿童父母以及儿童本人产生的影响也进行了较为细致的分析。

作为该课题的主持人，以及在育儿过程中得到了家中长辈大力支持的千千万万的母亲中的一员，笔者很高兴可以通过这本书，将上述课题中最新的，同时也是与参与孙辈教养的祖辈们最为息息相关的部分研究成果，以案例分析的形式，尝试与读者们进行深入浅出的分享。希望这本书能够为读者们提供一些新鲜而实用的观点、知识和建议，尤其是帮助祖辈们在参与家庭教养的过程中更好地定位自身的角色，从而缓解因为角色认知的偏差带来的困扰和压力，实现家庭联合育儿过程中的多方和谐共赢。

笔者认为，祖辈在参与孙辈家庭教养的过程中，通常身兼五大角色：第一，家庭养育的协作者，协助儿童父母在家庭中照料和教育儿童；第二，孙辈的陪伴者，既是陪伴儿童成长的玩伴，也是良师益友；第三，生活经验和文化的传承者，将丰富的人生阅历和自身积淀传承的优秀家庭传统文化在家庭内部一代代传递下去；第四，终身学习者，为更好地教养孙辈，也为了提升晚年生活质量而不断学习；第五，互尊互爱的家庭成员，为晚辈付出的同时也知道如何爱自己，并与其他家庭成员做到“亲密有间”，从而享受和谐的代际关系和幸福的家庭生活。

岳　坤

2020 年 8 月 19 日

目　录

第一章

家庭养育的协作者

在我国，祖辈参与孙辈家庭教养的现象，无论在城市还是农村，都广泛存在，这与中国传统观念中将传宗接代、人丁兴旺视作家族大事有关。在许多祖辈看来，抚育孙辈既是自己当仁不让的责任，天伦之乐更是晚年幸福生活的源泉。同时，由于现代社会竞争激烈，年轻的父母往往面临较大的生活工作压力，对比雇佣保姆照顾孩子或是将孩子送托，他们也更青睐有着血缘关系、彼此也更为信赖的祖辈所提供的育儿协助。然而，无论祖辈和孩子父母双方意愿如何，祖辈参与孙辈的教养在正常情况下并非其必须履行的责任，因而即使参与，本质上来讲，祖辈也只是孩子父母的帮手，是家庭养育的协作者，而非主要责任人和主导者，儿童教养的第一责任人仍然是孩子的父母。因此，无论是祖辈还是孩子的父母，一旦对于自己在教养中的角色认知发生错位，就可能造成一系列的问题。作为家庭养育的协作者，祖辈既要对“大包干”之类明显越位的育儿行为“有所不为”，也要做到“有所为”，这主要体现为在照料儿童生活的同时，也要对儿童实施生活的教育，做到“养教结合”，不可忽视自身作为教育者的功能。接下来，我们将借助隔代教养中的几个典型案例对祖辈“家庭养育的协作者”角色进行阐述。

1 第一责任人在父母，祖辈不要大包干

案例

小苹果外婆退休前是一名中学教师，退休后，闲不下来的她除了接受一家教育机构的返聘，还一直在小区里做志愿者，生活忙碌又充实。

不过在小苹果妈妈怀孕后，外婆的生活重心发生了变化。外婆30岁才生下小苹果妈妈，对于这个独生女，小苹果外婆宠爱之余，更是寄予了很高的期望。女儿读书的时候，她常挂在嘴边的是“你只要把成绩搞搞好，其他有我呢”；等到女儿从名牌大学毕业工作了，她挂在嘴边的口头禅变成“你只要把个人事业搞搞好，其他有我呢”。因此得知小苹果妈妈怀孕的消息，小苹果外婆很快停了工作，每天去给女儿变着花样做营养餐。到了小苹果快出生的时候，为了方便照顾，外婆干脆把女儿接回了娘家。女儿、女婿原本打算请一位月嫂来帮忙，外婆听了费用后把手一挥：“这么贵！不用不用，而且外面的人哪有自己家人做事干净细心？有我呢，我少说也带过一两百个学生了，还带不好一个奶娃娃？你们买的那些育儿书我都认真读着呢，放心吧。”

小苹果出生以后，外婆变成了三头六臂，白天除了要照顾新生的小宝宝，还有大大小小的家务，但她总是心疼子女，不愿意让女儿、女婿插手。比如小苹果妈妈听到小苹果哭了，刚想把宝宝抱起来，就看见外婆小跑着过来，抱过小苹果说：“我来我来，你去躺着吧，月子里抱多了膀子疼。”吃过晚饭，小苹果爸爸走到洗碗池边准备洗碗，外婆立即跟上来说：“放着我来，你去看看宝宝吧。”晚上，外婆跟小苹果一间屋子睡觉，夜里要起两三回给小苹果喂奶、换尿不湿。外婆还照着育儿书制定了一个详细的养育表，每天什么时间喂奶、晒太阳、洗澡，什么时间听音乐、讲故事、做婴儿体操都安排得清清楚楚。眼看着外婆把小苹果照顾得这样好，“放心”的小苹果父母似乎可以回归到原来的生活轨道上去了。孩子刚出生时，小苹果爸爸下班不论早晚，每天都会先过来丈母娘家看孩子，然后再回自己的住所，渐渐地，这样两头跑的频率变成了两天一次、三天一次。紧接着，产后重返岗位的小苹果妈妈感受到更大的职场竞争压力，决定加入考证大军，对女儿“求上进”的想法，外婆自然是十二万分的支持，很快定下来，为方便小苹果妈妈一心备考，小苹果妈妈搬回自己家居住，把小苹果留在外婆家。就这样，小苹果的爸爸、妈妈当起了周末父母——平时有事打电话，周六接小苹果回家住一晚，或者带小苹果和外婆一起出去玩。原本这只是暂时的安排，但眼看着女儿、女婿工作越来越忙，小苹果回家的事情，就没再提起过，“年轻人忙事业，老年人把小孩带好就是对子女最大的支持”，去幼儿园接小苹果的时候，外婆总是这么对旁人说。

然而岁月不饶人，小苹果上小学以后，外婆开始感到有些力不从心。首先是身体上，数十年教师生涯给外婆留下了腰腿痛的职业病，再加上头几年没日没夜照顾小苹果，外婆的腰病发作得越发频繁，严重时几乎下不了地。所幸外公年前退了休，分担了接送小苹果上下学的任务。但更让外婆焦虑的还是小苹果的学习。身为中学教师，外婆原本对辅导小学语文和数学还是颇有信心的，没想到真的实践起来才发现并不是那么游刃有余，有时外婆检查过的作业到了老师那里却没通过，听小苹果回家说了，才发现原来外婆对小学老师的要求理解有误；有时外婆给小苹果讲解题目，但教法和老师的教法不太一样，急得小苹果喊："外婆你别教我了，老师根本不是这么讲的。"英语方面，外婆更是有心无力，虽然外婆很早就建议女儿、女婿给小苹果报英语课外班，但学习效果如何，外婆心里没谱，"课外班老师总归是要说有进步的，不然学生都走了呀"。还有钢琴，小苹果越来越不爱练，负责陪练的外婆自然是想过不少办法来激励孩子，但效果总是维持不了几天，外婆实在是"黔驴技穷"，找女儿商量，女儿却不以为意："报名学琴的时候不是说她挺喜欢的吗，怎么现在不高兴练了？您当初总爱跟我说'坚持就是胜利'，您别惯着她就是了。"

就这样，小苹果外婆的心理压力越来越大，失眠的时候她琢磨来琢磨去，有时会自责没把带小苹果的任务完成好，有时也会怀疑当初把小苹果留在身边的决定是不是对的，会不会影响了外孙女长远的发展？

分析

中国教育学会家庭教育专业委员会2017年在全国六城市开展的“中国城市家庭教养中的祖辈参与问题研究”(后文简称“‘祖辈参与’调研”)问卷调查[1]中发现,在我国城市家庭中,接近八成存在祖辈参与孙辈家庭教养的现象。根据这些家庭的报告,在参与孙辈家庭教养的祖辈当中,九成以上对于带孙表示“乐意参与”,其中,“非常乐意,主动积极要求参与”的祖辈超过四成。在调研了2 419位爷爷、奶奶、外公、外婆之后,我们发现,当今中国的祖辈们之所以参与到对孙辈的照料和教育当中,最主要的三大原因包括:(1)享受天伦之乐;(2)孩子父母生活工作压力大,需要祖辈支持;(3)三代同住一个屋檐下,祖辈自然分担带孙责任。

在小苹果家的案例中,小苹果外婆正是一位典型的“非常乐意,主动积极要求”带孙的祖辈,而她帮助带孙的初衷则主要是出于对女儿、女婿工作的支持,正如她对幼儿园其他

① 数据来自2017—2018年中国教育学会家庭教育专业委员会开展的中国教育学会委托课题“中国城市家庭教养中的祖辈参与问题研究”,本书作者岳坤为课题主持人。

家长所说，“年轻人忙事业，老年人把小孩带好就是对子女最大的支持”。

根据儿童父辈和祖辈参与儿童教养活动程度的不同，我们可以将家庭教养的模式划分为 4 种类型：(1)纯粹的祖辈教养，父辈基本不参与；(2)祖辈为主、父辈为辅的联合教养；(3)父辈为主、祖辈为辅的联合教养；(4)纯粹的父辈教养，祖辈基本不参与。结合小苹果从小主要由外婆负责照顾和教养，周一到周五也都居住在外婆家中，而父母主要负责小苹果周末活动安排的情况，小苹果家的家庭教养模式可以归为 4 种类型中的第 2 种，即祖辈为主、父辈为辅的联合教养模式。在“祖辈参与”调研中，我们发现，中国城市家庭中最常见的教养模式是父辈为主、祖辈为辅的联合教养模式，其次是纯粹的父辈教养，而小苹果家选择的这种祖辈为主、父辈为辅的联合教养模式在选择家庭数中位列第三。由此我们可以看出，我们中国的城市家庭里，虽然爷爷、奶奶、外公、外婆参与照顾孙辈的比例很高，但这种参与在多数家庭中处于辅助性的位置，家庭中发挥主导作用的教养人仍然是儿童的父母。而随着儿童年龄的增长，像小苹果家这样，以祖辈为主教养儿童的家庭数量还会进一步减少，在调查中我们发现，这类家庭的比例在儿童 0～3 岁时为 16.8%，到了儿童上小学以后，比例已经下降到了 3.6%。不过回到小苹果家的情况，我们看到，上了小学的小苹果依然由小苹果外婆直接负责教养，这或许与外婆曾经是桃李满天下的中学教师，全家对外婆能够管理好小苹果的学业有“信心”存在一定关系，但更主要地，是因为多年来外婆大包大揽、殚精竭虑地照料小苹果，外婆的“我来”让小苹果父母习惯了“放心”。

然而，在小苹果家的联合教养案例中，祖辈一方总是“我来”，而父辈一方一味“放心”的做法已经开始显现出负面的影响。首先，对于小苹果外婆而言，腰病的持续发作和心理上出现的无力感、自责和怀疑的情绪以及失眠的现象都表明对教养小苹果“大包干”已经令外婆的身心健康受到损害。其次，对于小苹果父母而言，从一开始“暂时”将小苹果托付给外婆，到后来不再提起小苹果回家的事情，甚至在外婆因为小苹果的教育问题求助时表现得不以为意，很显然，小苹果父母在多年以来不断地“放心”中实际也放低了一颗教养孩子的责任心。而对于习惯在家庭教养中“靠边站”的父母，他们同时失去的还有锻炼和提升自己教养能力的机会，如果有一天，“大包干”的祖辈不堪重负，父母不得不重新回到教养孩子的主角位置上时，他们很可能会因为自己的教养能力早已大大落后于孩子的成长速度而手忙脚乱、无力应付。

此外，对于儿童而言，无论是完全由祖辈教养，还是祖辈为主、父辈为辅联合教养，从效果来看往往要差于父辈为主、祖辈为辅联合教养的孩子。有的家长有这样一种观点，认为3岁以前孩子主要就是长身体，有人照顾孩子的生活，保证孩子的安全和健康就可以了，而祖辈既有时间又有育儿经验，因此至少可以在3岁前把小孩子完全交给祖辈，3岁以后开始上幼儿园学东西了再回父母身边。但事实上，如果说幼儿园是学校教育的起点，那么家庭教育可以说从孩子出生之日就开始了。在0～3岁阶段，儿童除了身体的发育，在动作、语言、认知、智力、情感和社会性等方面同样经历着快速且至关重要的发展。因此，除非是极特殊的情况，否则不应缺少父母的关键性参与。“祖辈参与”调研发现，0～3岁阶段，完全由祖辈教养，或是接受祖辈为主、父辈为辅联合教养的儿童，即使到了小学阶段，他们的心理健康水平得分也比接受父辈为主、祖辈为辅联合教养的儿童要低，而他们成长中出现的问题行为则比接受父辈为主、祖辈为辅联合教养的儿童要多。当然，因为各个家庭具体情况不同，现实生活中不乏由老人一手带大也非常优秀的孩子，但研究的结论仍然值得引起许多正在选择育儿模式的家庭的重视。

综上所述，无论是为了祖辈更好地安享晚年，为了孩子父辈真正成为有能力有担当的父母，还是为了孩子更健康地成长，父母是儿童家庭教养第一责任人这点是不应动摇的，自儿童出生起，照顾和教养自己的子女，既是父母应尽的责任，也是小家庭应该共同经历的重要生命阶段。而祖辈，在养育中可以做父母们最值得信赖、最得力的助手，但切勿变身“代理父母”，这一点不会因为儿童所处年龄段的不同而不同。

建议

给祖辈的建议

首先，从角色意识上来看，无论是出于对孙辈的喜爱，享受含饴弄孙、稚子绕膝的乐趣，还是出于对子女的疼爱，为了支持子女而甘愿全心全意付出，又或者是出于照顾家庭成员的一份责任心，参与孙辈家庭教养的祖辈应该始终明确一点——隔代教养的角色只是亲代教养的补充，而不是替代，除非孩子父母因身亡、患严重疾病、入狱、未成年或者其他原因不具备抚养儿童的条件和能力，又或是父母因故被剥夺了抚养权，否则，孩子的爸爸、妈妈都应该是当之无愧的家庭教养第一责任人。具体到实践中，与儿童父辈联合实施家庭教养的祖辈要学会“偷懒”，避免出现将一切育儿活动“大包干”的行为，支持儿童父母充分发挥育儿的主导作用。

其次，当祖辈在实施家庭教养过程中遇到困难时切勿将所有压力都背在自己身上，要学会向内和向外求助。向内求助指的是向家庭内部成员说明自己面临的压力和困难，以共同寻找解决办法。有的祖辈出于“不给子女添乱”的心理，又或是觉得向晚辈求助有损身为长辈的威严，自己明明早已不堪重负却还在咬牙坚持，这样不仅损害了自己的身心健康，对孙辈的教养效果也可能大打折扣。因此，参与家庭教养的祖辈应该及早打消这些顾虑，学会在遇到困难时主动向内求助。向外求助指的是向亲戚朋友、学校、邻里社区、相关的专业机构和专业人士等寻求帮助，这些帮助可能包括教养经验和信息的分享、家庭教养相关知识和政策的普及、家庭教养技能的培训、咨询辅导和社工服务、儿童的课后看护和小饭桌服务、财物帮助等。向外求助对于那些完全由祖辈承担儿童家庭教养职责的家庭显得尤为重要。

给孩子父母的建议

首先，儿童父母必须树立自己才是儿童教养的第一责任人的角色意识，并且努力从儿童 0 岁开始在家庭教养中发挥主要作用，既不能将老人在儿童教养上提供的帮助视为理所当然，更不能因为有老人照料儿童，父母就安心做起甩手掌柜，这样不仅会大大增加老人负担，对老人身心健康造成影响，也会给儿童的成长带来负面的作用，并造成亲子关系的隔阂。即使由于特殊原因不能直接抚养儿女，也要通过各种方式与孩子保持密切的联系，时刻关注儿童的成长，并尽可能对祖辈的教养活动给予支援。

其次，在有祖辈参与儿童教养的家庭中，儿童的父母还应该主动观察和了解祖辈的身体和心理状态，及时去发现祖辈在教养活动中和日常生活中可能出现的疑问和困难，并根据各家实际情况，采用祖辈易于接受的方式去释疑和提供资源、信息或是情感等各方面的支持。

2 1 + 1 > 2，联合养育成合力

案例

苗苗的爸爸、妈妈都是独生子女，苗苗一出生就得到了爸爸、妈妈、爷爷、奶奶、外公、外婆六个人全部的爱，是全家的心肝宝贝。因为奶奶身体不好，平时帮苗苗父母照顾孩子的主要是外公、外婆。不过到了周末，爸爸、妈妈总会带着苗苗到爷爷、奶奶家玩上一天。为了迎接苗苗的到来，爷爷、奶

奶总是在头一天就去菜场、超市大采购，买上许多苗苗爱吃的东西。苗苗呢，也特别喜欢去爷爷、奶奶家，经常主动要求留宿，因为啊，在这里她不仅可以敞开吃零食、尽情看动画片，还可以不用遵守平时在家的时候外婆给立下的那些规矩，什么吃饭的时候不能挑食、不能离开凳子啦，什么饭后一定要漱口啦，当然，因为一整天都在爷爷、奶奶家，自然也不用每天写3页的大字和10道数学题了。总之，不管苗苗做什么，爷爷、奶奶都乐呵呵的，他们的口头禅是："苗苗还小呢……"而爸爸妈妈每回到了爷爷奶奶家也会"老虎变猫"，顶多在苗苗行为太过火的时候，背着爷爷、奶奶"瞪"她一眼，对苗苗来说，这可没什么威慑力。

不过，每次苗苗在爷爷、奶奶家越是撒欢儿，回到家里外婆的眉头就皱得越紧。"你看这饭粒儿都沾到屁股上了，肯定是吃饭的时候又没好好坐在板凳上。"外婆一边往苗苗换下的衣服上抹肥皂，一边埋怨道："幼儿园老师说，'5+2=0'，我看我们家是'6+1=0'，平时规矩立得再好，一到那边就'一夜回到解放前'。""您放心，规矩怎么可能说忘就忘，她就是看人下菜碟"，苗苗妈妈堆着笑打圆场。外婆一听更来气："规矩就是规矩，换个地方就不做了说明根本还没养成习惯！你像她这么大的时候走到哪里不是文文静静的，人人见了都夸'小姑娘家教好'。哪像她吃个饭跟猴似的上蹿下跳？

到那边我是看不见、管不着，你们也不管，倒成了我一个人的事……”外婆还想继续说，突然看到苗苗走进来，只得若无其事地低头洗起衣服来，苗苗妈妈也随即松了口气。原来这也是苗苗家的一条规矩：要保持和谐的家庭气氛，成人之间的分歧不能在孩子面前表现出来。

本以为这件事情过去就过去了，没想到周一苗苗妈妈下班回来看见外公一个人在客厅陪苗苗玩，厨房里也是冷锅冷灶的。这就奇怪了，要知道，平时这个时候都是外公教苗苗写字，外婆在厨房里演奏锅碗瓢盆交响曲，今天怎么了？外公朝外婆房间努努嘴。苗苗妈妈推门进去一看，外婆正在抹眼泪呢。原来今天苗苗又不肯好好写字，外婆在厨房里听到外公有点镇不住的样子，就出来批评了她几句，结果苗苗回嘴道：“外婆你回去吧，我喜欢我奶奶，我要打电话叫奶奶来。”虽说是童言无忌，可这话还是叫外婆心里一凉，直说：“好好好，我走。”说完转身把自己关进了房间里。其实苗苗爸爸、妈妈对于外婆让苗苗写字这个事情早有不同意见，他们观察过苗苗写字的样子，感觉对苗苗的挑战确实有点大，她现在还做不到正确握笔呢，练起来难免事倍功半，按照他们的想法，也许过个半年一年再练更好。不过，因为平时下班晚，从苗苗幼儿园放学到他们回家这段时间都是外公、外婆在带苗苗，再加上外婆常说“小区里那个谁谁和幼儿园那个谁谁谁早就开始学书写啦”，坚持不能让苗苗“输在起跑线上”，苗苗父母就觉得听外婆的话，早一点写字也未尝不可。没想到今天因为写字的事情，引得孩子说出这么一句伤外婆心的话。苗苗妈妈安慰了外婆，又让苗苗给外婆认错。外婆虽然不好对自己最疼的外孙女生气，但心里难免还是留下个疙瘩。经过这件事，苗苗妈妈开始反思起来，是不是应该找机会把孩子爸爸和自己对苗苗练字的看法跟外公、外婆说一说呢？

分析

在“祖辈参与”调研中，我们发现半数以上的家庭采取了父母和祖辈联合教养儿童的模式，这其中又分为“父辈为主、祖辈为辅的联合教养”以及“祖辈为主、父辈为辅的联合教养”。值得注意的是，对于如何判断谁是主、谁是辅，接受访谈的儿童父母提供了两条不一样的指标：第一，教养时间的投入，即祖辈与孩子的父母相比，谁陪伴孩子的时间更长就是“以谁为主”，陪伴时间更短的一方则为“辅”；第二，教养理念和教养活动的主导性，即在教养孩子的问题上通常是谁做主。这两项指标相互关联，但在特定的时间段内，比如说 3 岁前，指标之间也可能发生冲突。举例说明，我们常常会看到双职工家庭中，孩子3岁前几乎整个白天都由祖辈照料，因而从教养时间的投入上看，这个年龄段里，陪伴孩子时间最长的祖辈好像是教养中更为主要的角色。但同时，孩子的食谱可能是父母提供给祖辈的，孩子上的早教机构也由父母选择，孩子一天的大致活动可能也是由父母安排，祖辈更像是教养计划的忠实执行者，甚至在有的家庭里，每天给孩子读哪几本书、怎么读这类细节问题也都由父母提前把关。那么从“谁做主”的角度来看，在这些家庭里，更主要的教养角色似乎又变成了主导着活动安排的儿童父母。不过，从访谈中我们也了解到，虽然在判断两代人参与教养的主辅关系时，两条指标都会被家长提及，但显然第二条“谁做主”被放到了更为优先的位置上。

在苗苗家的联合教养案例中，我们看到无论是苗苗的父母、外公、外婆还是爷爷、奶奶都或多或少地参与了对苗苗的教养，都在苗苗的身上投入了爱和时间。当然，因为同住的缘故，苗苗的父母和外公、外婆相较于爷爷、奶奶，投入的教养时间更多。同时，在教养的理念方面，爷爷、奶奶的“自然放养”与外公、外婆的“没有规矩不成方圆”“不能输在起跑线上”也各自对苗苗产生着实实在在的影响。相比之下，苗苗的父母虽然对教养孩子也有一些自己的标准和想法，比如在爷爷、奶奶家时，如果苗苗行为实在过火，他们也会暗地发出警示；又比如他们对于外公、外婆让苗苗练字的事情其实早有自己的观察和看法。然而，这些想法似乎很少被苗苗父母及时拿出来与祖辈探讨，更未能转化为有效的行动，因而看上去并没有在教养苗苗的时候成为关键性的意见，而更多地是左右摇摆着，在爷爷、奶奶家就听爷爷、奶奶的，回自己家又尽量与外公、外婆的意见保持一致，结果不仅没能发挥作为父母本应在教养中发挥的主导作用，也难以有效协调两方祖辈在教养理念和方式上的分歧，更不用说减少这些分歧给苗苗和整个家庭带来的一些负面影响了。

在我们身边的联合教养家庭中，像苗苗家这样，虽然参与教养的人手不少，但因为多元的甚至相互冲突的教养理念和方式并存而又缺乏沟通协调，导致两代人联手后教养效果“1＋1<2”的情况并不鲜见。之所以出现这种情况，与参与教养活动的家庭成员各自的性格特点、投注在孩子身上的时间以及成员之间交往的惯性等有关，也涉及了一个几乎每个联合教养家庭都无可回避的问题：如何看待和处理教养中的分歧。在“祖辈参与”调研中，10.3％的儿童父母和21.2％的儿童祖辈将“与儿童祖辈/儿童父母在教育上分歧大”看作育儿过程中遇到的三大困难之一。事实上，在有祖辈参与教养的家庭中，八成以上的儿童父母曾经因为教养儿童的问题与祖辈发生分歧，发生分歧的频率以“偶尔”发生（42.6％）和“有时”（29.5％）发

生为主，但也有11.2%的儿童父母承认自己“常常”甚至“总是”与祖辈在教养儿童的问题上发生分歧。这些数据清清楚楚地告诉我们，大多数家庭中，儿童父母和祖辈之间，都会因为教养儿童而产生分歧，并且发生分歧的频率还不算低。看到这里，无论对于儿童父母还是祖辈，也许可以稍微松一口气：原来教养分歧的存在这么普遍啊，既然大家都有类似的困扰，自己家里为了孩子发生的那点摩擦也不是什么天大的事情了。

接下来再看家庭中两代人之间的教养分歧对于儿童的影响。研究发现，在儿童父辈和祖辈之间教养分歧发生频率分别为“从未”“偶尔”“有时”“常常”和“总是”的五组家庭中，除了成长于父母和祖辈“总是”有分歧的家庭中的儿童在心理健康和问题行为方面的状况明显差于其他各组外，其他四组家庭，无论是那些“从未”发生教养分歧的，还是有一定频率发生分歧的，对儿童在心理健康和问题行为方面的影响并没有显著的差异。可见成人要为孩子创造一个健康的教养环境时，固然要注意减少教养分歧，却也不见得要以杜绝一切分歧为绝对目标。有的家庭就像苗苗家一样，为了在孩子面前维持和谐的家庭氛围，会避免展现大人之间的分歧。这么做出发点自然是好的，但如果像苗苗妈妈一样，对于处理自己与祖辈之间的教养分歧，采取“躲得过就躲”的态度，把孩子当成回避冲突的挡箭牌，那么这些并不会自动消失的分歧，就有可能越积越多，家庭看似一团和气，实则矛盾一触即发。

有分歧自然要考虑分歧如何解决，我们再来看看两代人通常选择的解决方案都有哪些呢？调查发现，在“(1)孩子父母与祖辈协商解决”“(2)听孩子父母的”“(3)听孩子祖辈的”“(4)分歧无法解决”四个选项中，60.6%的家庭通常选择了第一种方案——“孩子父母与祖辈协商解决”；有32%的家庭通常选择第二种——“听孩子父母的”；还有2.8%和4.6%的家庭分别选择了“听孩子祖辈的”和“分歧无法解决”。可见，尊重每一位教养参与者意见的民主协商法以及推崇“谁的孩子谁说了算”的责权一致法是最为主流的分歧解决方案。

那么，家庭在分歧解决方案上选择的不同，是否会给儿童带来不同影响呢？研究发现，采用上述四种分歧解决方案的家庭中，除了多数时候“无法解决”分歧的家庭，其他三组家庭中成长起来的孩子在心理健康和问题行为方面都不存在显著的差异。可见，无论这个家庭习惯协商，还是习惯听孩子父母的，又或是听祖辈的，只要在多数情况下，分歧能够得到解决，参与教养的两代人之间能够在行动上达成某种一致，那么，对孩子的影响就要好过总是“无法解决”分歧的情况。也许会有人问为什么会是这样呢？原因是多方面的。第一，如果家庭中长期存在无法解决的教养分歧，必然导致家庭内部关系受损，进而影响家庭整体功能的发挥。我们知道，在和谐、温暖和相互支持的家庭环境中，儿童的安全感更好，社会适应性也更强；反之，儿童的安全感更差，社会适应性也更弱。第二，如果教养人之间的分歧总是“无法解决”，往往还会在儿童的行为方面造成负面影响。首先，如果不同教养人在指导儿童的行为时意见相左，儿童就很难建立正确的规则意识，就可能在生活中出现一些不符合社会规范的行为，成为人们常说的“熊孩子”。其次，除非是爆发情绪化的正面冲突，又或是分歧探讨的内容本身有不适合孩子知晓的部分，否则，成年人之间解决分歧的过程其实是在向儿童示范：“当你跟别人有不同意见时，可以通过这样或那样的方式来解决。”儿童的学习很大程度上来自模仿，如果儿童在家庭生活中总是缺乏对于如何解决分歧的经验观摩，儿童在未来的社会交往中也有可能因不懂得如何解决分歧而处处碰壁，产生情感和行为的偏差。

建议

给祖辈和孩子父母的建议

首先，联合教养想要获得两代人“1 + 1＞2”的效果，除了两代人在教养过程中各自发挥优势，合理分工以外，如何看待教养中的分歧以及是否去解决分歧也至关重要。第一，教养中有分歧并不可怕，只要不让分歧成为家庭的常态，只要这些分歧不是经常处于无法解决的状况，无论是祖辈还是儿童的父母，皆可坦然面对。切勿为了维持家庭表面的和谐和睦而粉饰冲突，对分歧视而不见，或者为了避免分歧，明明有不同的意见而不向对方表达，压抑自己的想法，结果导致问题的积压和负面情绪的积聚。第二，解决分歧的方法并无一定之规，只要本着彼此尊重、求同存异的原则，因事制宜，积极寻求适合自己家庭情况的解决方案即可。

其次，对于两个祖辈家庭均参与儿童教养的家庭，在教养儿童的观念和方式上，如果两个祖辈家庭都能与孩子的父母形成共识自然最好，如果祖辈之间存在较多分歧，作为教养第一责任人，孩子的父母不妨将这些分歧分类，对于其中涉及基本原则的内容，父母应该发挥教养“主心骨”的功能，主动与祖辈沟通，尽量做到全家统一思想和行动；而对于一些细枝末节的问题，孩子父母则不妨做个“和事佬”，在以包容的心态去接纳的同时，运用多倾听、多疏导的方式化解祖辈之间的疙瘩，促进祖辈之间的相互理解。对于祖辈而言，虽然身为家庭中的长辈，又是“过来人”，也要争取做到在孙辈的教育上不越位，多维护子女在第三代面前的权威，尊重子女在教育第三代时的意见。

3 “养”“教”不分家，生活照料里的大学问

案例

小龙爷爷、奶奶自打小龙一出生就来到了小龙生活的城市。为了跟上时代，更好地培养小龙，奶奶经常会读一读儿子、儿媳推荐的育儿文章，从这里面，奶奶知道了儿童身心发

展的规律，学会了营养膳食的搭配制作，也了解了不少新鲜的教育理念。在众多理念中，奶奶认为有一位专家提出的“家庭教育首先是生活教育”的观点与自己的人生体会可谓不谋而合。奶奶是家里的长女，下面有4个弟妹，因此从小就要照顾弟弟妹妹、分担家务，但这并没有影响奶奶的学习，她以优异的成绩考上了中专。毕业后无论是在工作中还是在家庭里，“能干”一直是奶奶引以为傲的标签。因此，奶奶特别重视小龙生活能力和习惯的培养，在这方面，奶奶既有耐心又有办法，让儿子、儿媳都口服心服。就拿吃饭来说，小龙1岁左右的时候，开始不再乖乖地张嘴接受喂饭，而会抢奶奶手里的勺子，或是用手去抓碗里的食物，奶奶记得之前的育儿文章里提过，这是小宝宝争取自主进餐的信号，于是奶奶主动把勺子递给小龙，再把碗里的食物舀出一点放到小碟子里，鼓励小龙自己去舀。这个过程自然不会一两次就成功，不一会儿，桌子上、椅子上都落下不少食物，奶奶一边把掉落的食物塞进自己嘴里，一边继续鼓励小龙，每回小龙成功送进嘴里一勺，奶奶比小龙还高兴：“看我孙子1岁就能自己吃饭，真棒！”爷爷在一旁开玩笑说：“棒是棒，就是吃一口掉三口，你光捡他的吃都吃饱了。”奶奶骄傲地说：“吃我孙子掉的饭我也高兴。”

小龙长大一点，已经能自己吃得又快又好了，只是每次吃完，碗底总会沾着些米粒、菜叶，需要奶奶反复督促才肯吃干净。奶奶为了让小龙养成不浪费食物的好习惯，试过当年用在儿子身上的招数——告诉小龙，碗里留几个米粒，脸上就会长几颗麻子，但小龙没见过什么“麻子”，听了奶奶的话只是咯咯笑。奶奶也教小龙念过：“锄禾日当午，汗滴禾下土。谁知盘中餐，粒粒皆辛苦。”这诗小龙倒是很快就能背下来了，不过诗里的意思，小龙并不太明白。后来，奶奶发现了一个规律，原来奶奶在屋顶天台种了些蔬菜，如果这顿饭吃的是小龙自己采摘的蔬菜，小龙就会吃得格外干净。于是奶奶干脆让小龙更多地参加种菜活动，比如给菜浇水、拔掉旁边的野草或是赶走害虫，在这个过程中，小龙享受着照顾蔬菜的乐趣，也体会到了盘中餐的不易，每次吃完饭，碗底干净多了。有一回天台上的西红柿成熟了 2 颗，小龙兴冲冲地捧回家，奶奶炒了一盘小龙最喜欢的西红柿炒鸡蛋，小龙吃得格外高兴，一个不小心一大块西红柿啪嗒一下掉在地上，小龙伸手去捡，“脏了脏了，小龙不吃”，奶奶忙不迭地拿走小龙手里的西红柿，拿到水池冲了冲，塞进了自己嘴里。小龙有些疑惑，说：“脏，奶奶不吃。”奶奶笑着回答：“奶奶吃没事，不能浪费。”过了几天，妈妈在厨房洗葡萄，随口说：“没留意压坏了几颗呢。”小龙正在一旁洗手，接道：“给奶奶吃吧，奶奶吃没事。”妈妈听了很生气，批评小龙，小龙委屈地说道：“奶奶自己说的。”

程程比小龙小半岁，是小龙新交的小伙伴，有一回程程邀请小龙上家里吃饭，一进门，就看见家里各种物件，诸如门、窗、床、书架等都端端正正地贴上了相对应的大字卡；程程小床正对面还挂着一张中文常用字挂图……小龙奶奶问程程奶奶：“程程这么小就学认字啦，你教他？”程程奶奶说：“主要是他爸妈教，嫌我有口音，怕给程程教坏了。”但是到了吃饭的时候，小龙奶奶注意到，虽然程程奶奶准备的饭菜丰富可口，但程程似乎兴趣不大，目不转睛地看着动画片。程程奶奶感到小龙奶奶惊讶的目光，一边一勺一勺往孙子嘴里喂饭，一边道：“不给他看就不肯吃，哎，我管不了他。”晚饭的时候，小龙奶奶跟儿子、儿媳聊起在程程家的见闻，总结道：“程程家教认字倒是下了功夫，不过这程程 3 岁了还需要大人喂饭，比不上我们家小龙。”第二天，小龙又和程程一起玩，正巧社区幼儿园在做儿童节的装饰，程程看着门上几个大字念到：“六一儿童节快乐！”一旁干活的两个幼儿园老师听见了直夸程程，小龙奶奶也对程程竖起大拇指，说：“程程认识这么多字呀，真棒！”这下小龙不乐意了，大声说：“程程比不上小龙，程程 3 岁了还需要大人喂饭！”两位奶奶顿时都有些尴尬，小龙奶奶只得打圆场：“你这孩子，瞎说什么呢。”

分析

在我国，大多数家庭的育儿活动离不开祖辈的参与和支持，而其中，绝大多数祖辈主要会承担孙辈身体和生活照料方面的任务。“祖辈参与”调研发现，在那些祖辈参与带孙的城市家庭中，84.3%的祖辈会参与对儿童的生活照料。案例中的小龙奶奶和程程奶奶正是孙子日常生活的主要照料者，不过，两位奶奶的“照料”方法和关注点却有明显的不同。以照顾孙子吃饭为例，虽然我们能感受到程程奶奶对孙子的疼爱和关心，比如准备的饭菜“丰富可口”，比如担心孙子不好好吃饭就一口一口地喂，但这种关心更多是停留在对孙子身体的关心和照顾上，而缺乏对程程良好用餐习惯的培养；而小龙奶奶则不仅关心孙子身体的健康成长，同时还以吃饭这一日常活动为契机，锻炼小龙的生活自理能力，比如敏锐地察觉小龙自主进餐的愿望，并即时给予支持和鼓励。在培养小龙良好的行为习惯方面，小龙奶奶也是“既有耐心又有办法”，能够通过“种菜”这样的劳动教育活动，引导小龙珍惜劳动成果，不浪费粮食。可以说，在吃饭这件事上，相比程程奶奶单纯的“照料者”角色，小龙奶奶做到了养教结合，她不仅仅是孩子的“照料者”，还是“让儿子、儿媳口服心服”的“教育者”。

家庭教育就其本质而言，首先是生活教育，它蕴含于对儿童的生活照料之中，蕴含于成人与儿童的共同生活当中，正所谓“养”“教”不分家。祖辈作为家庭中拥有丰富人生阅历的长者，作为儿童生活的重要照料者和陪伴者，应该在儿童的生活教育中发挥积极作用。然而，在现实生活中，我们发现，像程程奶奶一样，“只养不教”的祖辈并非少数。“祖辈参与”调研发现，在规范儿童行为、培养良好习惯、给予儿童心灵关怀等方面，祖辈参与的比例均不足四成。分析其原因，常见的情况主要分三类：第一类老人是从自己的老经验出发，总是觉得孩子还小，不需要教育，只要给他吃饱穿暖不生病就行了；第二类老人则是出于“隔代亲”而溺爱孙辈，认为爱孩子是祖辈的事，管孩子则是父母的事；第三类老人呢，原本也有成为孙辈的“教育者”的想法，但因为一些观念和做法得不到孩子父母的认可，于是采取了“多一事不如少一事”的态度，又或是干脆被孩子父母排除在“教育者”人选之外。“祖辈参与”调研发现，在祖辈参与带孙的城市家庭里，祖辈如果在教养中给与孩子更多的情感温暖和行为指导，孩子的心理健康状况往往会更好。而祖辈对孩子的行为指导，不仅对于减少孩子诸如攻击、违纪越轨等问题行为有直接的效果，还能加强孩子父母对孩子进行行为指导的效果。中国有句老话，叫做“三岁看大，七岁看老”，由于中国城市家庭中父母双职工现象的普遍存在，对许多孩子来说，在3岁之前，祖辈既是照料他们生活的主力军，也是一天当中与他们相处时间最长的家人，祖辈如果不能养教结合，成为家庭教育中真正的参与者，那么对于孩子的健康成长来说，难免成为一种遗憾和损失。

回到小龙奶奶的案例中，还有一个值得注意的地方。我们看到奶奶为培养小龙生活能力和良好行为习惯付出了很大的心力，也收获了很好的效果，但同时，案例中奶奶的一些原本无心的言行却也可能给小龙带来负面影响。比如奶奶在跟小龙父母聊天时将程程与小龙相比较，得出“程程3岁了还需要大人喂饭，比不上我们家小龙”的结论，这话虽然不是对着小龙说的，却被同在一室的小龙听见，影响到小龙对小伙伴程程的评价。又比如奶奶捡食小龙掉落食物的举动，奶奶一方面是因为舍不得浪费食物，这其中还包含着为小龙做表率的想法，另一方面，出于对孙子小龙的爱护之心，奶奶又不忍把掉落在凳子上、地上的食物给小龙吃，于是选择了一个自己认为“两全其美”的法子，就是由自己来吃。但这样的行为却给小龙带来了认知的错位，即脏的、坏的东西自己不能吃但是可以给奶奶吃。这样的想法如果继续加强、固化，容易造成孩子以自己为中心，不顾及他人的不良道德认知和行为。前文提到，家庭教育是生活教育，蕴含在家庭生活的一点一滴中，蕴含在成人与孩子互动的一言一行中，因此，家庭教育具有很强的随机性，不仅来自于教育者有目的、有意识的教育，比如奶奶为了培养小龙自主进餐和爱惜粮食所做的努力，同样会来自于教育者无意识的言行中，比如奶奶吃小龙掉落的食物，比如成人之间的交谈。家庭成员有意或无意的言行，都可能被孩子看在眼里、听在耳中、留在心上，从而影响孩子的价值判断和行为取向。从这个意义上来讲，凡是参与照料孩子的祖辈，都是儿童显性或隐性的"教育者"，以自己的言传身教给孩子带来影响。

建议

给祖辈的建议

首先，言传身教是家庭教育最主要的形式，参与带孙的祖辈要重视日常生活中自己给孙辈带来的潜移默化的影响。对于原先可能存在的一些不良语言、行为和生活习惯，祖辈应保持自省，并尽可能做出改变，创造健康的家庭生活氛围，成为孙辈的好榜样。

其次，尽管孩子的父母才是家庭教养的第一责任人，但祖辈作为家庭教养活动的参与者、协助者，同样应该积极主动地发挥自己的教育作用，细心呵护孩子是爱，教他们如何生活，让他们拥有创造美好生活的能力同样是爱。与忙碌的父母们不同，祖辈通常拥有更多的时间和耐心，再加上祖辈自身丰富的人生阅历和生活经验，十分有利于在与儿童日常互动中，细水长流地对儿童施加影响。祖辈要细心观察，注意利用好生活中无处不在的教育元素和教育契机，养教结合，帮助孩子成长为身心健康、真正具有适应能力的个体。

给孩子父母的建议

首先，给祖辈的建议中关于言传身教、实施生活中的教育的那部分内容，同样适用于广大儿童父母。

其次，有的祖辈跟孩子父母在教养理念和方式上存在差异，有的祖辈可能由于受教育水平或其他一些原因限制导致教养的能力不足，甚至有的祖辈可能存在不良的生活习惯，作为孩子的父母，一方面应当对祖辈为教养孩子付出的心血和爱表示感激，另一方面，面临上述家庭教养问题时，不能简单粗暴地搞一刀切，用把祖辈排除在“教育者”之外的方式来解决问题，毕竟祖辈帮忙带孙都是出于对孩子的爱，也都希望孩子好，在这个前提下，孩子父母可以尝试诸如坚持与祖辈进行正向的沟通，帮助祖辈改变不良习惯、提升教养能力或是在教养分工中“扬长避短”等方法，这样既不容易打击祖辈参与教养的积极性，也有利于维护健康和谐的家庭环境。

最后，家庭教育不是学校教育，然而现实生活中，有部分父母认为家庭教育最要紧就是教知识、搞学科成绩。基于这种对教育的片面和错位的认知，再加上一句“不能输在起跑线上”，导致有的孩子一出生就好像进了“学前班”，在智力和语言发展的部分领域不断抢跑，却挤压和牺牲了实施真正重要的生活教育的时间。这其中又有一些家长，等到孩子身上出现能力问题、情绪问题和行为问题时，习惯性“甩锅”给隔代教育，认为都是祖辈“惯”的，却不去反思自己在当中所起的作用。作为家庭教养的第一责任人，父母对家庭中是否存在此类教育倾向，一定要保持警惕，并时刻提醒自己：让孩子学会生活、热爱生活，自爱也爱人，拥有让他（她）受益一生的良好习惯和健康人格才是家庭教育更重要的目标。

小测试

请结合您在本章节学习到的内容，判断以下说法是否正确，共10道题目，每题10分，满分100分。

1. 祖辈帮忙带孩子是祖辈不可推卸的责任。

A. 对　B. 错

2. 孩子3岁前就是长身体，完全可以交给祖辈带，3岁以后再送回父母身边就行。

A. 对　B. 错

3. 我国城市家庭中最常见的家庭教养模式是父辈为主、祖辈为辅的联合教养模式。

A. 对　B. 错

4. 大多数城市家庭中的儿童祖辈和父母都曾因教养儿童而发生分歧。

A. 对　B. 错

5. 只有完全没有教养分歧的家庭才是适合儿童成长的家庭环境。

A. 对　B. 错

6. 如果家庭中存在的各种教养分歧总是无法解决，就可能给孩子的心理健康带来负面影响。

A. 对　B. 错

7. 解决教养分歧唯一正确的方式就是听孩子父母的。

A. 对　B. 错

8. 祖辈只是照顾孩子的生活，与家庭中的“教育”二字无关。

A. 对　B. 错

9. 家庭教育最重要的就是要做好老师的“助教”，辅导好孩子的功课。

A. 对　B. 错

10. 家庭教育具有在生活中潜移默化的特点。

A. 对　B. 错

答案：1. B；2. B；3. A；4. A；5. B；6. A；7. B；8. B；9. B；10. A。

0—70分：对于祖辈“家庭养育的协作者”这一角色，您还需要进一步加深认识，继续努力哦！

80—90分：对于祖辈“家庭养育的协作者”这一角色，您已经有了比较好的理解，不错！

100分：对于祖辈“家庭养育的协作者”这一角色，您已经形成了完整而准确的认知，为您点赞！

第二章

孙辈的陪伴者

“祖辈参与”调研发现，根据被访城市儿童父母的报告，尽管参与孙辈教养的祖辈当中，有八成以上参与了对被访儿童的生活照料，但仅有四成参与了陪伴孩子游戏、运动、游览、社交、阅读课外书籍等活动。分析来看，两个数据之间的差距主要源于两方面的因素。第一，儿童父辈和祖辈在教养儿童时所做的分工。在部分家庭中，祖辈们主要负责孙辈的生活照料，而上述陪伴活动以及孩子的学业管理方面则归儿童的父母负责。第二，部分祖辈对陪伴的价值认识不足，重视不够。正如有的地方会用“看(kān)孩子”这种说法来广义地形容成人照顾、陪伴儿童的各种行为活动，一个“看”字生动地表明传统育儿观念中所强调的成人对儿童单向的保护、看顾，而非两者之间双向的互动。然而，心理学研究早已证明具有互动性的陪伴对儿童身心健康发展的重要意义。因此，在参与孙辈教养的过程中，祖辈们也要对自身作为孙辈陪伴者的角色给与足够的重视。

1 “老还小”，做孙辈的好玩伴

案例

爷爷、奶奶是在家宝快3岁的时候过来照顾他的。家宝的爸爸、妈妈工作都很忙，妈妈还经常出差，平时照顾家宝主要靠保姆。以前家宝的爸爸、妈妈觉得请保姆照顾孩子是最

优的选择。在他们看来，正规机构的保姆接受过专业训练，而且作为雇主，育儿方面有什么要求，对保姆开起口来也容易，如果不合适还可以随时换人。家宝家前后请过两位保姆，这两位保姆都还算尽责，尤其是生活上，把家宝养得白白胖胖的，每天安排的阅读活动也基本能完成，现在的这位还是外籍保姆，能跟孩子用英文对话。但是，最近爸爸抽空带家宝参加了一次亲子班活动，上课的时候，爸爸近距离观察了和家宝同龄的小朋友，比较之下才发现，家宝无论是身体运动能力还是语言表达能力，感觉都比其他孩子要弱一些。“孩子不会有什么问题吧?”爸爸这么想着，连忙找人咨询，好在评估下来，孩子的表现仍处于正常范围，也没有先天方面的障碍，但对方建议要在日常生活中给孩子更有质量的陪伴和提供更丰富的语言、运动方面的刺激。爸爸、妈妈观察发现，家宝的保姆在照顾孩子时，通常是完成家长提出的要求后，剩下的时间，就会让孩子自己玩耍，甚至很少跟孩子交流。而户外活动的时候，或许出于孩子安全的考虑，保姆更愿意孩子在较小的空间内活动。基于这些发现，家宝父母意识到孩子耽误不起，恐怕不能用换保姆的法子继续试错，斟酌再三，做出两个重要决定：首先，夫妻俩必须更加关注孩子的发展，要克服困难，确保每天的亲子陪伴时间；其次，邀请远在外地的爷爷、奶奶“出山”，照顾孙子。爷爷、奶奶原本就对请保姆带孩子不太认同，当年只是出于对年轻人想法的尊重，才没反对。这回接到子女的求助电话，真是恨不得立刻插上翅膀飞到孙子身边。

有爷爷、奶奶的陪伴，家宝很开心。家宝每天上午、下午都要看动画片，虽然说好每次看两集，但看完两集以后，家宝总会耍赖想要多看，以前的保姆因为常常会趁孩子看动画片的时间做些家务，所以也没有对他严格限制，如果是家宝爸爸、妈妈在家的时候，则会“很有原则”地直接关掉视频。现在爷爷、奶奶坐镇，他们就会很有策略地提前准备好家宝喜欢的活动，比如今天，奶奶在桌上摆出了一幅拼图，等家宝的两集动画片一完，奶奶就故意大声说：“这幅拼图看起来好好玩，家宝要看动画片，我们自己先玩一玩吧。”话音刚落，就看到家宝蹭了过来，嘴里嘟囔着：“你要玩，你要玩。”奶奶听他“你”“我”不分，耐心地示范道：“是家宝要玩吗？那家宝跟着奶奶说‘我要玩，我要玩’。”过了几天，眼看这幅拼图的新鲜劲儿要过了，爷爷、奶奶又想出个新招，找出第二幅旧拼图来，搞一场拼拼图大赛，家宝果然不再纠缠多看一集动画片的事，又屁颠儿屁颠儿地来参赛了。再后来，家里的拼图都玩过了，奶奶就找出旧纸盒剪下一大块，鼓励家宝在上面用油画棒涂鸦，然后把家宝的涂鸦制作成简易的拼图，这个活动引起了家宝强烈的兴趣，有时他一口气画三四幅还意犹未尽。奶奶呢，就趁着制作拼图的时间，跟家宝玩猜画的游戏，发挥想象力去猜测家宝笔下的线团、色块代表什么，逗得家宝哈哈大笑的同时，也在一来一回的交谈中帮助他学习如何用语言为自己的涂鸦命名。自从有了爷爷、奶奶的游戏陪伴，动画片对家宝的吸引力似乎小了很多，有时为了选择继续游戏，家宝甚至会主动放弃一次看动画片的时间。

因为家宝体重有点超标，以前运动量也一直没跟上，所以特别爱犯懒，连从家里去小区游乐场短短几分钟的路都要坐小推车。为了把“小懒虫”“骗”下车，爱运动的爷爷也想了不少好办法，有时用讲故事作为嘉奖来鼓励家宝多走路；有时带上家里的吹泡泡机，爱追泡泡的家宝自然就下了车；有时遇上小雨，爷爷又带家宝踩水花，爷孙俩踩得那叫一个不亦乐乎。奶奶作为坚强后盾也发了话：“溅了泥没关系，有奶奶和洗衣机呢。”渐渐地，家宝似乎忘记了小推车这回事，有时在户外跟爷爷玩球能玩上一个多小时，回来也不叫一声累。不到半年时间，家宝不仅体重正常了，身体协调性也变好了许多，而且，家宝变得更开朗了，家里家外随时都能听到他的笑声，就跟爷爷、奶奶一样。

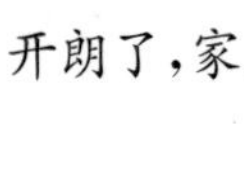

分析

著名儿童教育家陈鹤琴先生曾在其著作《家庭教育》一

书中写道："小孩子是以游戏为生命的。""以游戏为生命"，既表明游戏是儿童的天性，也说明游戏对于儿童身心发展所具有的无可替代的重要性。陈鹤琴先生在书中建议父母们要注意孩子的动作和游戏，指出：第一，"应准备良好的设备使小孩子得着充分的运动"；第二，"应寻找适宜的伴侣使小孩子得着优美的影响"。在家宝的案例中，我们看到，爷爷、奶奶来到家宝身边之前，虽然家里有专职的保姆照顾家宝，但对于这位保姆来说，照顾家宝不过是一项不用"走心"的工作，只要完成雇主指定的工作指标即可，因而本着"多一事不如少一事"的原则，无论是在运动方面还是游戏方面，都没能为家宝提供足以满足他健康成长所需的活动和陪伴。同时，家宝的爸爸、妈妈工作忙碌，平时对孩子的关注也不够，没能留意到家宝在身体运动能力和语言表达能力发展上遭遇的困难。好在亲子班上的发现惊醒了他们，夫妻俩在调整自身育儿态度和行为的同时，及时邀请祖辈参与对家宝的教养活动。我们看到，爷爷、奶奶充满欢乐的陪伴，确实为家宝各方面的成长注入了之前所缺少的养分，使得家宝不仅逐渐在各种游戏活动中提升了身体和语言的能力，还变得更开朗、更快乐了。

"祖辈参与"调研发现，有 13.1％的城市家庭曾雇佣保姆照料儿童，与祖辈参与教养的比例相比，雇佣保姆参与教养的比例要低得多。事实上,大多数儿童父母之所以更倾向于请祖辈帮忙而非雇佣保姆,这中间既存在满足亲情需求和经济等方面的考量,在很大程度上也源于对保姆育儿在安全、育儿质量等方面信任度不高。调查中近八成的父母同意"如果把孩子给保姆带,必须有家里人在旁看着才放心"。统计数据显示,在大多数家长心目中,带孩子这件事,不管用不用保姆,祖辈该参与的还是要参与,保姆并不能取代祖辈的教养角色。

说回到儿童的玩伴,其实,要说儿童在家庭中最好的成年人玩伴,毋庸置疑应该是他们的爸爸、妈妈。因为他们既是孩子天生最亲近、最信赖的人,也应该是最了解孩子的人,而且爸爸、妈妈们年轻力壮,学习新玩具、新游戏也比较快。但是,在生活实践中,我们会发现,在部分家庭中,反而是与孩子年龄相差更大的祖辈成为了儿童最喜爱的玩伴。分析起来,我们会发现这些受孩子欢迎的祖辈往往具有以下特点。

首先,人老心不老,有一颗童心,不仅能够发现童趣,还能享受童趣。就好像家宝的爷爷会在下雨天带着家宝踩水,玩得不亦乐乎。这一点,是多少父母和祖辈欠缺的呢?比如踩水,有多少成人第一反应是这有什么好玩的,这雨水里混着烂树叶子和泥巴,多脏啊。又有多少人一边拉住想要踩水的孩子,一边想:"回头溅上一身泥点子,又得害我洗上半天。”这么想的人也许都忘记了，当自己还是个小孩子的时候，多半也曾这样对着一个水坑跃跃欲试呢。有童心、享童趣，这样的老人跟孩子玩起来轻车熟路，他们陪伴孩子的时候，即使身体感觉劳累，情绪上也较少出现倦怠，总是兴致勃勃。

其次，富有耐心。接着看看家宝家的例子。对于如何控制家宝看动画片的时间，保姆、家宝爸爸妈妈和家宝爷爷奶奶各自采取了不同的态度和方法。先看家宝的保姆，因为有家长的叮嘱，保姆也会按照要求去关注孩子看动画的时间，但如果孩子坚持，保姆又忙于其他家务，我们看到的结果就是所谓的“规定”可能形同虚设；再看家宝的爸爸、妈妈，爸爸、妈妈的做法其实也是比较有代表性的，即认为原则就是原则，没有讨价还价的空间，必须遵守，所以一到时间就直接关掉。但是，在家宝这个年龄，对成人制定的“规则”还处于似懂非懂的阶段，“直接关掉”虽然从效率上看是最高的，但从情感上来讲似乎少了一点理解和温度。最后看爷爷、奶奶的做法，我们注意到爷爷、奶奶不厌其烦，甚至可以说是乐在其中地不断创新拼图游戏，用一天一天真实而快乐的陪伴将家宝的兴趣从动画片上吸引过来，不仅一举解决了看动画时间的问题，还开发出了既受孩子欢迎又能够在发展语言表达、精细动作、观察能力等多方面给予孩子更多刺激和支持的家庭游戏活动。与家宝父母的做法相比，爷爷、奶奶的做法虽然需要付出更多的时间和耐心，但也收获了更好的效果。

再次，身体健康状况较好。因为身体好，所以有这个体能和自信跟这些“一高兴就没轻没重”的孩子玩到一起，不像有的祖辈虽然有心陪孩子玩游戏，奈何心有余而力不足。试想孩子拉着一位老人看蚂蚁洞，可是老人只要一蹲下，膝盖就咯吱作响；又或者孩子邀请老人跟他玩打闹游戏，可是老人一玩，不是闪了腰就是扭了腿，如此，哪里还会有下次呢？且不说做祖辈的自己担心，做儿女的看见也必然劝阻：“别去找你爷爷（奶奶、外公或外婆）啦，上回受的伤还没完全好呢。”所以说，身体是当个好玩伴的本钱。

最后，受孩子欢迎的“老玩伴”还要尊重孩子的意愿，在游戏中甘做配角。我们常说“陪孩子玩”。其实一个“陪”字已经很清楚地点明了在游戏中谁才是主角，而谁只是配角。然而，在日常生活中，我们会发现，许多家长，包括儿童祖辈和父母，虽然看起来是在“陪”孩子玩，但实际一直让孩子配合自己，并不能尊重孩子的意愿。有的成人总是觉得孩子建议的游戏方式“无聊”，强迫孩子采纳“更有意义”的玩法；有的成人追求完美，原本是陪孩子一起搭积木，结果搭到一半的时候，为了不让“笨手笨脚”的孩子“搞砸”，干脆自己撸起袖子取而代之，把孩子赶到一边当啦啦队；还有的成人要面子，孩子说下棋吧，他担心下不过“已经有两把刷子”的孩子，说玩成语接龙呢，他又生怕一时没接上，出了洋相。这样时时把“我”的想法、“我”的感受放在优先位置的成人，自然也没法成为孩子最欢迎的玩伴。好的“老玩伴”在游戏中一定是把孩子的意愿放在优先位置，甘当配角的。

当然，尊重孩子的意愿并不是说成人完全不能在游戏中做任何引导，实际上特别对于幼龄的孩子来说，情况恰恰相反。首先，很多时候跟幼龄孩子之间的游戏是需要由成人发起的，就好像家宝奶奶发起拼图游戏一样。而且在进入游戏之后，成人也要注意观察孩子在游戏中的反应，根据孩子的反应去调整游戏的方式和进展方向。

有童心、有耐心、身体好、做配角，有了这四点，无论是孩子的祖辈、父母还是其他陪伴孩子游戏的成人，都能成为最受孩子欢迎的玩伴。

建议

给祖辈和孩子父母的建议

首先，家长们要意识到，孩子的成长离不开游戏，看起来

“毫无意义”的玩耍对孩子的身心发展意义重大。因此，家长们不仅要在家庭教养的各项安排中为孩子的各种游戏留出足够的时间，还要提供尽可能丰富而适宜的环境支持孩子的游戏。何为丰富？一个孩子喜欢车，给他买 100 辆玩具小汽车就是丰富吗？显然不是。但如果围绕车这个主题，家里既有玩具车，还有关于交通工具的拼图、积木、图书，有可以让孩子进行相关艺术创作的剪纸、绘画材料，甚至家里做烘焙的时候也愿意给孩子一块面烤一块汽车饼干，那么这个环境当然比 100 辆玩具汽车更为丰富。何为适宜？举个例子，比如我们都知道游戏既包括动态的游戏，也包括相对静态的游戏，前者可能需要较为开阔的空间供孩子活动，后者可能需要安静的氛围使孩子可以更专注地投入游戏当中。

其次，随着物质生活水平的提高，许多家庭都会为孩子购置电子产品，在部分家长的观念里，一说起游戏，就是电子游戏。这种想法显然将“游戏”的范畴窄化了。其实稍稍回想我们自己小时候都在做些什么游戏，就会意识到，家里家外有很多适合教给孩子的游戏活动。家长不妨把自己童年的这些美好体验传递给孩子。

最后，家长们在孩子小的时候常常要充当孩子的玩伴，虽然我们讨论了最受孩子欢迎的玩伴所具有的四大特点，但不代表不具备全部特点的家长就要打退堂鼓。事实上，家长们只要能够放下成人的“架子”加入孩子的游戏，并且在游戏中尽可能多地关注孩子本身，就会发现，其实跟孩子玩可以这么简单、这么快乐。

2 从故事大王到祖孙共读

案例

自从外公退休来到豆豆家，豆豆就最爱缠着外公，因为外公肚子里好像有无穷无尽的故事，是家里的“故事大王”。晚上临上床的时候，如果问豆豆：“今天豆豆要谁陪啊?”豆豆永远都会选外公，有时候还加一句：“我最喜欢外公了。”

不过啊，外公自己才知道，哪会有人有无穷无尽的故事呢，来了这小半年，肚子里的存货早掏空了，从“拔萝卜”“乌鸦喝水”，到“三个和尚”“小蝌蚪找妈妈”“神笔马良”，再到“孔融让梨”“曹冲称象”“司马光砸缸”，都来回讲过好多遍了，要不是豆豆不贪鲜，一个故事总是喜欢反复听，外公这睡前故事会早就经营不下去了，这不，今天晚上豆豆已经对外公最后的绝招——“从前有座山，山里有座庙”这个“假故事”下了最后通牒：“明晚必须讲一个真的！”听到祖孙俩睡前的一番讨价还价，等外公一出儿童房，大家纷纷开始出主意，妈妈说：“要不还是像以前一样，我来给他读书吧。”外公摇摇头：“那不好，读书得开着灯，豆豆老睡不着。”外婆说：“要不给他放手机里的故事听呢？”刚说完，外婆就否定了自己的这个主意：“不行不行，豆豆怕黑总是要人陪。然后你爸一去，他就又该缠着你爸讲故事了。”“要不这样吧”，外婆又有了一个点子，从书架上取下一本童话书递给外公，“我看豆豆白天上幼儿园的时候你闲着也是闲着，不如看本书，记下来，晚上好给豆豆讲。”外公听了，面露难色：“老都老了，倒过来看小人书，我看不进去呢，更别说记住了。”外婆接着说“我看你记性最好了，年轻人都不如你”，说着朝女儿、女婿挤挤眼，女儿、女婿会意，一齐给外公戴高帽：“外公记性确实好，不然怎么是我们家‘故事大王’呢？”外婆看外公态度有些松动，趁热打铁道:“你要实在不愿意啊,我们换换,你做晚饭,我来看书。晚上我给豆豆讲故事,正好加深感情。”这下外公再不犹豫,抢道:“哎呀,还是我来。”

第二天,下午小睡起来,外公打开豆豆的童话书看起来,原本外公担心自己看不进去,专门泡了一杯浓浓的茶提神,没想到很快被书里的故事吸引住了,等外婆过来催促外公出门接豆豆放学的时候,发现一杯茶动都没动过。又到了睡前故事会时间,这回听到豆豆的召唤,外公一改前几天的“心虚”,胸有成竹地迈进了房间。不过,毕竟是几个月来头一回“背故事”,这临时抱佛脚看来的故事,自然不如那些在脑子里存了几十年的故事讲起来得心应手,不过总的来说,这次尝试还是非常成功的,豆豆虽然有点奇怪今晚的外公怎么老要“想一想”,不过对于明晚的“下回分解”依然充满了期待。外公心里一方面松了口气,想着自己在孙子心目中的“故事大王”头衔可算是保住了,而另一方面,外公发现自己也对那没看完的故事的后续蛮期待的,要不是因为老花眼到了夜里看字费劲,真想一口气儿看完呢。

这样一天天过去,原本读书是为了给孙子的睡前故事会“补充弹药”,不知不觉地,这竟然变成了外公自己的新爱好,虽然每周仍有两三天下午会去同棋友切磋几局,不过自从外公尝到了读书的乐趣,不仅读书的速度超过了给孙子“喂”故事的速度，很快，童话书再也满足不了外公的胃口了，外公开始在女儿、女婿落灰的书架上打量起来，读起了那些年轻时候读过一点片段又或是仅仅听过大名的名著。

豆豆有一个专属的小书架，上面满满地插放着七八十本儿童书，豆豆虽然喜欢听故事，但他很少自己主动看书，而且因为每次跟妈妈读书，不是变成认字考试，就是读完被要求复述故事梗概，豆豆对亲子阅读可谓畏惧大于享受。如今常常看到自己“最喜欢”的外公享受读书的样子，豆豆生出一点好奇心来，跑过来看一看：“怎么全是字啊，外公给我讲一讲吧。”外公乘机引导道：“这是大人的故事书，你现在还看不了。不如你给外公推荐一本你觉得好玩的书，我们一起看。”豆豆想了想，一时想不出来。外公知道豆豆喜欢火车，于是从豆豆的书架上找出一本小火车当主角的书，邀请豆豆一起读，读完后，外公发挥灵感，跟豆豆玩起“如果我是小火车，我还想去干什么……”的游戏，这么个小游戏，祖孙两个一直玩到睡觉还停不下来。几次下来，豆豆开始喜欢上跟外公一起读书，再加上妈妈听从外公建议，不再给豆豆的阅读活动“加作业”，渐渐地，阅读对豆豆来说，不再是苦差事了，变成了乐趣无穷的新游戏。

分析

如今在家庭中开展的儿童阅读活动已逐渐受到广大家长的重视，其中0～6岁的早期阅读成为许多家庭养育活动的标配，有的家长早在为迎接宝宝的诞生而重新布置家庭陈设时，就会在宝宝未来的活动区域添置宝宝专属的小书架和儿童书。2018年的一项全国性阅读调研①指出，我国城乡小学生家庭中，有接近三成的家庭专为孩子购置的图书数量超过50本，其中，城市小学生家庭里，为孩子购置超过50本书籍的家庭比例达38.2%。该调研还了解了城乡小学生家中是否有自己的专属书架，发现拥有专属书架的学生比例超过一半，此外，还有一成多的孩子虽然跟大人共享书架，但在其中拥有自己专属的放书位置，具体到城市学生中，高达82.2%的孩子拥有自己的独立书架或专属放书位。可见，多数家庭在儿童阅读硬环境的创设上做得还是不错的。

不过，说到硬环境就不得不提软环境，如果说儿童家庭阅读的硬环境主要指物质资源，那么软环境则主要指与人相

---

① 数据来自中国少年儿童新闻出版总社《知心姐姐》杂志栏目“知心调查”2018年的《中国小学生阅读现状调查报告》，本书作者岳坤为报告主笔人之一。

关的部分，比如家庭中开展的各项阅读活动，这其中又包含成人与儿童共读的活动和成人自己的阅读活动，以及成人对于儿童阅读活动的态度。研究发现，家庭阅读的硬环境和软环境都会影响到儿童的阅读兴趣和行为。以豆豆家为例，豆豆小小年纪已经拥有了七八十本属于自己的藏书，高于多数同龄的小朋友。然而，相对丰富的藏书并没能转换成豆豆的阅读兴趣，在外公用一本童话书敲开豆豆阅读兴趣的大门之前，豆豆对于阅读这件事情的态度，更多表现为排斥和畏惧，视之为苦差，甚至想不出一本自己感兴趣的书。豆豆之所以有这样的反应，问题当然是出在了家庭阅读的软环境上。

首先，从外婆建议外公读书时外公下意识地拒绝以及豆豆父母"落灰的书架"来看，在外公"爱上"阅读之前，豆豆家的大人们其实都缺少日常阅读的习惯。家庭教育依靠的是言传身教，很多时候身教的作用甚至重于言传，豆豆在家很少看到大人们阅读的行为，阅读似乎只是专属于豆豆的"作业"，那么在非"作业"时间，豆豆自然很难想到要读书。而当豆豆"最喜欢"的外公爱上阅读，开始在豆豆面前做出自发的阅读行为并表现出"享受"的样子，这就为豆豆做了示范，原来阅读不需要妈妈安排，想读就可以读，而且可能是有趣的。

其次，无论从爸爸妈妈为豆豆购买了七八十本童书来看，还是从妈妈经常跟豆豆做亲子阅读来看，豆豆家无疑是重视豆豆的阅读的，一定也希望豆豆喜欢上阅读，但是妈妈在亲子阅读中过多过早地添加了各种功利性目的，希望豆豆通过阅读识字，又希望锻炼豆豆的语言表达和概括能力，反而伤害了豆豆的阅读兴趣，真是得不偿失。幸好在外公的建议下，豆豆妈妈及时修正了原来的做法，停止给豆豆的阅读“加码”，这才让外公在豆豆身上种下的阅读的种子，有了慢慢成长的机会。

说完了豆豆再来看外公，首先来看“故事大王”时期的外公。外公虽然是在豆豆上幼儿园以后才参与带孙，时间上比外婆晚了几年，但不到半年就成为豆豆“最喜欢”的人，这中间除了外婆忙于家务，陪伴豆豆时间较少的因素以外，外公一肚子的故事也是发挥了关键性作用。外公的故事大多是出自中国本土的经典小故事和典故，里面包含着中国人的传统智慧，与爸爸、妈妈买回来的外国引进绘本很不一样，让豆豆听起来新鲜又有趣，这既归功于中国文化的魅力，也体现出祖辈在文化传承中的价值和优势。其次，从“故事大王”到开发出豆豆阅读兴趣的有功之臣，外公自己也经历了从不愿读书到喜欢上读书，从为了给孙子讲故事而被动读书到主动寻找年轻时错过的名著的过程，发展了新爱好，丰富了自己退休后的精神生活，可谓一举两得。

建议

给祖辈的建议

首先，激发儿童阅读兴趣，帮助儿童养成阅读习惯，家庭中不仅需要创设阅读的硬环境，还要重视家庭阅读氛围，注意开展符合儿童年龄特点的阅读活动。祖辈应该认识到童书的价值，主动利用家庭中的童书资源，陪孩子看故事、为孩子讲故事、带孩子读故事。此外，最好能够以身作则，少看手机、多读书，为孩子树立榜样。曾经有一位祖辈分享过自己的经验，他虽然没有看书的习惯，但是喜欢军事类的知识和信息，因此订阅了两本军事杂志，在孙子看书时，自己就在一旁翻阅，也不失为一种两全其美的示范和陪伴。

其次，有的祖辈在给孩子读书的问题上会存在畏难情绪，一种情况是因为对低龄儿童阅读的图画书不熟悉，一看字数那么少甚至没有字，祖辈就不知道该怎么讲；另一种情况是部分祖辈说惯了方言，用普通话讲故事觉得别扭。针对前一种情况，祖辈需要了解，儿童读的图画书与成人读的纯文字书最大的不同就是前者往往是运用图画和文字一起讲故事的，因此祖辈带孩子看书不必完全拘泥于文本的阅读，可以多引导孩子一起发掘图画所表现的情节。此外，祖辈可以听一听孩子的父母是怎么给孩子讲故事的或是请周围人推荐一些优质的讲绘本视频或直播进行学习。针对方言和普通话的问题，如果平时祖辈在家跟孩子交流都用方言，孩子的方言理解能力不会太差，那么祖辈也不妨尝试用方言讲故事。

再次，有条件的“陪读”祖辈最好对儿童早期阅读的行为特点有所了解，比如小孩子通常喜欢反复看同一本书。这种在成人看来也许“没什么意思”的行为恰恰是这个年龄段孩子重要的学习方式之一。因为理解能力和记忆能力还在发展当中，儿童往往需要在一遍一遍的重复中加深对词汇和内容的理解。家长不能用成人的理解能力去衡量孩子。此外，当儿童在重复阅读中听到或是看到自己期待的内容，还会让他们内心满足，获得安全感。儿童早期阅读中此类看似“无意义”的甚至“坏”的行为还不少。如果在“陪读”时缺乏了解，成年人就可能会按照固有的思维习惯去解读这些行为，甚至想强行予以“矫正”，结果无功而返不说，还破坏了孩子的阅读体验。

最后，阅读当然会带来孩子识字量、知识的增长，有的图书还会在孩子生活习惯、道德行为养成等方面起到促进作用，但如果在阅读过程中一味强调识字、知识或是说教，不顾孩子的感受和反馈，结果可能是人为制造了孩子和阅读之间的距离和障碍，伤害了孩子的阅读兴趣，最终得不偿失，因此祖辈在与孩子开展阅读活动时要注意避免此类情况，更多地去享受阅读给祖孙俩带来的乐趣。

给孩子父母的建议

首先，上述给祖辈的建议同样适用于儿童父母。

其次，家庭阅读环境的创设首要的一点是要有适合儿童的藏书。如果因家庭条件限制，藏书无法满足孩子的阅读需求，那么就要充分利用社区、孩子就读学校、公共图书馆等提供的藏书资源补充、更新家中适合孩子的读物。

最后，有的祖辈没有接触过图画书，在陪伴儿童阅读方面意识相对淡薄，因此建议儿童父母在祖辈参与孩子养育之初，在向祖辈介绍孩子的常用生活用品、玩具等的使用方法的同时，不妨也一并向祖辈介绍孩子的藏书，主动示范图画书的读法，鼓励祖辈在日常陪伴孩子时使用。

3 为孙辈的同伴交往助推

案例

阿远妈妈发现阿远跟小区里从前的小伙伴好像疏远了，就像今天傍晚的时候，佑佑滑着滑板车经过，大声跟阿远还有阿远妈妈打招呼，阿远妈妈一边笑着回应，一边低头去看阿远，想问问他要不要跟佑佑一起玩，却发现阿远就像没看

见佑佑似的，自己径直滑着滑板车走了。妈妈追上两步，问阿远怎么不跟佑佑打招呼，阿远有点不好意思地把头偏向一边，小声嘟囔："就是不想。"妈妈觉得奇怪，追问道："你和佑佑不是好朋友，经常一起玩的吗？"阿远答道："我们不是，我们早就没有一起玩了。"

回到家里，妈妈把这件事情说给外公外婆听。

外公听了，当即表示同意："没错，我也有这种感觉。有时候我带他出去也是这样，别的小朋友跟他打招呼，他也当没听见。我还说阿远怎么这么没礼貌呢。他们幼儿园是不是不教这些啊？"

妈妈说："不应该啊，我看幼儿园老师都挺以身作则的，每次都主动跟小朋友打招呼的呢。"

"我们平时也都一直教他呢"，外婆说："不过刚刚你讲，阿远说他很久没跟佑佑玩了，是不是因为不在一个幼儿园上学，所以才生疏了？"

"有可能吧。不过每天他放学回来不都要在小区里玩将近一个小时吗？他也不跟佑佑他们玩？"妈妈感到奇怪，转向外公："爸，你平时都带他怎么玩的啊？"

外公说："以前就是带他上小公园滑滑板车，最近不是在教他骑自行车嘛……"

外公话没说完，外婆接道："这边幼儿园放学，大家小朋友都在幼儿园门口的花园玩呢。你带他上小公园，肯定遇不到可以一起玩的小朋友啦。”

外公不以为然地解释道：“小公园人少又宽敞，骑车才能骑得起来啊。”

“还是要让阿远多跟小朋友一起玩啊”，妈妈又想起来一件事情，“家长访谈的时候老师也提到过，在班里，阿远也是自己一个人玩的时候多，要么就跟老师玩。还说注意到他有时虽然想加入小朋友的游戏，但要不是老师帮忙，常常就在旁边看看就走开了。老师说这个事情要家庭和幼儿园合作，老师教是一回事，让我们家里也要多创造机会，让阿远和小朋友一起玩呢。”

外婆说：“我就老说啊，小孩子就应该跟小孩子一起玩。从前我带阿远出去的时候还好，我都鼓励他跟小朋友玩的。现在，只要有外公在就不行了，就一直黏着外公。你爸又不愿意去人多的地方，他先前还说什么带孩子的都是些妇女，他不好意思跟人家凑在一起。”

“本来就是啊，都是女的在那边聊些家长里短的，我一个老头子，跟她们也不熟，没话找话多尴尬。”外公有点急了，“而且怎么怪来怪去，怪到我头上了？阿远每次跟我出去也挺开心的。再说幼儿园前面的那个花园，有些大孩子也在那里打打闹闹的，踢球的、打玩具枪的，要是打到阿远怎么办？”

过了一段时间，眼看要到元旦了，阿远一家商量着今年元旦怎么过，外婆说前阵子小区里瑞瑞过生日邀请了阿远，但那天正好阿远幼儿园有活动就没去成，要不然元旦邀请小区里几个小伙伴来家里做客吧。妈妈问阿远的意见，本以为他会害羞拒绝，已经准备好给他做思想工作。没想到阿远这回竟然一口答应了，还兴高采烈地列起希望邀请的小伙伴名单来。妈妈很惊讶，问了外公、外婆才知道原来自从上次大家谈了阿远需要交朋友的事情，外公虽然嘴上不说，但显然把这事放在了心上。那之后，外公每次接了阿远回来，总要带他到幼儿园门口花园里玩一玩，一开始就是在那里滑滑板车，后来慢慢地，外公开始带着几个原来就认识的小朋友和阿远一起玩“老鹰捉小鸡”“老狼老狼几点了”“我们都是木头人”这样的游戏。外公原来就擅长跟孩子玩，是个“老顽童”，只不过那时候一门心思都用在阿远一个人身上了，现在带上几个小朋友也完全不在话下。一回生二回熟，阿远这么天天跟小区的小朋友一起玩，很快就和大家重新熟悉起来，到后来，即使外公“偷懒”退到一边休息，阿远和小伙伴们自己也能发起“藏猫猫”、追跑之类的游戏，很明显是感受到了和同龄人一起玩的乐趣。看起来，这回元旦派对要列出的“朋友”名单还不短呢。

分析

随着儿童不断长大，他们开始形成越来越多样的人际关系，如亲子关系、祖孙关系、师生关系、同伴关系，等等，这些不同的关系在儿童的发展中各有其功能。其中，同伴关系的建立和发展，在儿童的生活中有着非常重要的意义。我国学者张文新在《儿童社会性发展》一书中，将同伴关系定义为“年龄相同或相近的儿童之间的一种共同活动并相互协作的关系，或者主要指同龄儿童或心理发展水平相当的个体之间在交往过程中建立和发展起来的一种人际关系”。

同伴关系在儿童社会性发展中发挥着重要作用。美国学者哈吐普考察了儿童成长过程中与他人形成的人际关系，将关系分为两种：垂直关系和水平关系。他将儿童与父母、教师之类具有更多知识和权力的成人之间的关系归为垂直关系，认为这种关系的交往通常是补充性的，即“成人控制，儿童服从；儿童寻求帮助，成人提供帮助”。这种关系的主要功能在于“给孩子提供安全和保护，使他们能够获得知识和技巧”。以阿远和外公的关系为例，外公接阿远回家，保护阿远的安全，教阿远骑自行车，都是这种垂直关系功能的体现。

而儿童与同龄人之间的同伴关系则属于水平关系。哈吐普指出，水平关系本质上是平等和互惠的，而非补充的，儿童之间的角色可以自由互换。水平关系的主要功能在于“习得只有在平等的人际交往中才能学习到的技巧，比如那些与合作和竞争有关的能力”。在我们的案例中，阿远和同龄的小伙伴们能够自动发起藏猫猫、追跑一类的游戏，正是儿童在水平关系中获得共同活动和合作能力的体现。在哈吐普看来，儿童的社会性发展中，水平关系的影响更为强烈和广泛。

同伴关系对儿童自我概念的发展同样意义重大。心理学家认为，儿童期的重要任务之一在于发展其自我概念，即试图为“我是谁”这个问题寻找答案。而自我概念的形成和发展都需要在关系的情境中，特别是在与“重要他人”的互动中建立起来。“重要他人”对于儿童的看法和做法影响着儿童对于自己的看法。在儿童不同的发展阶段，这个“重要他人”最开始往往是父母家人，之后则主要是同伴。在“祖辈参与”调研中，我们请小学四到六年级的学生填写对自己影响最大的人，发现总体来看，家人（包含父母和祖辈）、老师和同学/朋友排在了前三位。但如果根据孩子所在年级的不同来做分析，我们发现认为“同学/朋友”对自己影响最大的学生的比例，会随着孩子年龄的增长而上升，到六年级时已经超过老师，位居第二。相关心理学研究发现，这一比例到中学阶段还会进一步上升。

除了上面提到的这些，同伴关系还会对儿童的情绪、情感产生影响，良好的同伴关系能够在儿童情绪纾解、情感支持和满足等方面发挥积极的作用。最后，同伴还会影响儿童的智力发展。英国学者鲁道夫·谢弗在《儿童心理学》一书中介绍到，许多对同伴合作的研究表明，在数学、音乐、物理、道德推理和计算等不同领域的技能发展方面，没有老师在场指导情况下，孩子们一起通过积极讨论来学习比他们单独学习要进步得快。

基于同伴关系对于儿童发展的重要性，无论是父母还是祖辈，都应该重视儿童的同伴交往需求，在日常活动中尽量为他们提供与同伴交往的机会和环境。回头看阿远家的案例，我们会发现，上幼儿园的阿远虽然更愿意自己一个人玩或是与成人互动，但已经发展出同伴交往的需求，具体表现为在幼儿园时，他会旁观别的小朋友的游戏，希望加入。只是因为阿远缺乏有效的社交技巧，未能掌握加入游戏团体的策略，所以在没有老师帮助时，他通常只是看看就走开。不过，阿远对于同伴交往的需求主要是在幼儿园里表现出来，在家的时候，则很少表现，这才出现了案例开头遇到过去的玩伴佑佑，阿远不仅没有与佑佑互动，甚至径直离开，呈现出社交退缩状态的情形。尽管阿远妈妈和外婆看起来对阿远的同伴交往持鼓励态度，比如妈妈认为阿远和佑佑是“好朋友”，应该一起玩；比如外婆说的“小孩子就应该跟小孩子一起玩”，但这种鼓励更多地是基于成人的判断，而不是因为察觉到了阿远对于同伴交往的需求。

那么，为什么有的孩子会像阿远这样，在幼儿园以外的地方很少表现出对同伴交往的需求呢？除了儿童气质中的抑制性、亲子关系、主要教养人的教养方式等影响因素，在家庭环境中，以下两方面因素也值得引起家长的重视。

其一，家庭交友环境的欠缺。仍以阿远家为例，相比较那些同在小区幼儿园上学的孩子，他们放学后可以直接相约在幼儿园门前的小花园玩耍，延续和强化他们在幼儿园的交往和友情。而阿远呢，他上的幼儿园并不在小区里，每天放学后，外公就把阿远接回家，这样，阿远实际上被动失去了在放学后和自己幼儿园里那些比较熟悉的同学一起玩耍的机会。回到小区以后，虽然阿远每天会在户外玩一个小时，但是外公出于安全和学习自行车方便的考虑，同时也因为外公自己不愿意跟带孩子的妇女“凑在一起”，因而避开了小区幼儿园门前小花园这个孩子聚集的地方，选择去人少的小公园，这样一来，又使得阿远失去了与小区里以前的玩伴玩耍交往的机会。放学后远离同伴环境，对于本来就因为社交技巧不足而在同伴交往中表现不自信的阿远，可谓是雪上加霜。

其二，儿童在家庭环境中交友动机的欠缺。部分家庭中，因为几个大人围着一个孩子转，对孩子在陪伴上的要求几乎可以做到有求必应，再加上家庭中成人通常会主动发起与孩子的互动，在互动过程中也更愿意去解释和理解孩子未能完整或准确表达的意愿，这种殷勤很难在同伴交往中遇到。因此，享受着与成人交往的种种便利，特别是当这个陪伴者还跟阿远的外公一样，很会玩，是个“老顽童”时，有的儿童自然会跟阿远做出一样的选择，放弃“难以加入”的同伴交往，而跟“老顽童”黏在一起。

当然，要消除家庭环境中的上述两个不利于儿童同伴交往的因素，阿远的外公也做出了很好的示范，即首先为孩子创造机会，让孩子回到有同伴的环境当中；其次，在通过发起集体活动，增加孩子与其同龄小伙伴的互动，消除彼此陌生感以后，学会“偷懒”，及时退出，让孩子们之间有机会自己合作游戏，自由发展同伴关系。

建议

给祖辈和孩子父母的建议

首先，作为孩子的家长，要对儿童的同伴交往和同伴关系的发展予以足够的重视，在日常活动安排中，要为孩子的同伴活动留出时间，创造机会。有的家长，或许因为自己的社交意愿或社交能力不强，又或是有的祖辈从别的地方过来照顾孙辈，人生地不熟的缘故，在与孩子相处时，不肯对孩子放手，与其说是孩子需要自己的陪伴，不如说自己才是更需要陪伴的那一个，如此反而限制了孩子正常的同伴交往。对于这种情况，陪伴孩子的家长一定要注意自省，保持警惕，不要成了孩子交友路上的绊脚石。

其次，对于在同伴社交中表现退缩的孩子，家长不要一味地强迫孩子参与同伴活动，这包括使用威胁和否定的语言，比如说“如果你不过去跟××玩，我就不管你了（以后就不要来了）”，或者说“你怎么这么没用”“跟小朋友玩都不会，你到底还会干什么”之类的话；或是因为不满孩子在社交中的表现就施加体罚。相反，家长应该给予孩子更多的关爱和接纳，让孩子具备足够的安全感和自信心，同时在必要时，适当给予孩子交往技巧的指导，帮助孩子改变在同伴群体中既有的刻板印象，从而改善同伴关系。

最后，有的家长担心孩子在同伴交往中和别的孩子发生冲突“吃亏”，因而时常会直接介入孩子和同伴之间的活动，这不仅会导致孩子社会交往能力低下，同时还容易引发孩子在社交上的焦虑和退缩。正确的做法应该是根据孩子的年龄和能力状况不同，对孩子的同伴交往活动予以适度的关注，在保证安全的情况下，尽量克制自己上前指手画脚的冲动，允许孩子们自己探索解决问题的方法。

小测试

请结合您在本章节学习到的内容，判断以下说法是否正确，共10道题目，每题10分，满分100分。

1. 游戏对于儿童身心发展具有无可替代的重要性。

A. 对　B. 错

2. 虽然儿童天生爱玩，但做游戏其实毫无意义，纯属浪费时间。

A. 对　B. 错

3. 陪孩子玩的时候，成人才是主角，应该由成人主导游戏的内容和玩法，让游戏更有意义，孩子只是配角。

A. 对　B. 错

4. 成人应该为儿童创造丰富而适宜的游戏环境。

A. 对　B. 错

5. 家庭儿童阅读环境不仅包括专属儿童的藏书、书架或固定的放书位置等硬环境，还包括家庭中开展的各种阅读活动以及成人对于儿童阅读活动的态度。

A. 对　B. 错

6. 家庭中开展儿童早期阅读，首要的目的应该是激发儿童的阅读兴趣，培养阅读习惯。

A. 对　B. 错

7. 绝对不能用方言给孩子读故事。

A. 对　B. 错

8. 只要家里的大人给予充分的陪伴，孩子和同龄人之间的交往可有可无。

A. 对　B. 错

9. 同伴关系对于儿童的社会性和自我概念的发展都具有重要意义。

A. 对　B. 错

10. 面对孩子的同龄人社交，家长要懂得克制和退出，除非特殊情况，否则不要总是插手孩子和同伴之间的活动。

A. 对　B. 错

答案：1. A；2. B；3. B；4. A；5. A；6. A；7. B；8. B；9. A；10. A。

0—70 分：对于“孙辈的陪伴者”这一角色，您还需要进一步加深认识，继续努力哦！

80—90 分：对于“孙辈的陪伴者”这一角色，您已经有了比较好的理解，不错！

100 分：对于“孙辈的陪伴者”这一角色，您已经形成了完整而准确的认知，为您点赞！

第三章

生活经验和文化的传承者

“家有一老，如有一宝”，祖辈丰富的人生阅历和祖辈身上积淀传承的优秀家庭传统文化是对孙辈实施家庭德育、美育和传统文化教育的宝贵资源。带孙辈回老家，让孙辈有机会在乡音乡情中触摸老家的文化和历史；为孙辈讲述过去的故事，让孙辈了解自己和自己家族的来历，增添一份对于家的归属感和荣誉感；依照老的习俗，全家人一同庆祝传统节日，让孙辈切身地感受传统文化的美好内涵。这一切，都离不开在家庭中扮演着生活经验和文化传承者角色的祖辈们所发挥的重要作用。

1 回老家——快乐的童年回忆

案例

昊昊一年中最快乐的时光就是暑假回老家，确切地说，是去外公、外婆家。昊昊小的时候，外公、外婆来照顾过他一段时间，昊昊很喜欢外公、外婆。

外公、外婆家住一楼，有个大大的院子，一边种上蔷薇，一边搭了葡萄架，院子中间还有两棵枇杷树。每回昊昊到外

公、外婆家，都能美美地享用自己亲手采摘的葡萄。枇杷成熟的时候昊昊还没放假，外公、外婆就挑出最好的果子一颗一颗包裹好，给昊昊寄过来尝鲜。枇杷就像一个提醒回老家的信号，昊昊从收到的那天就开始倒数还有多少天就可以回去啦。

当初在昊昊家里照顾昊昊的时候，因为人生地不熟，外公、外婆带昊昊出门都比较谨慎，除了街道附近的游乐区，就是按照昊昊妈妈的安排，要么去一些博物馆、科技馆之类的地方，要么去固定的那一两个有儿童室内游乐设施的大商场。昊昊小小年纪就知道，哪些地方"适合亲子活动"，哪些"不适合"。但回老家就不一样了，在外公、外婆的带领下，好像哪儿都可以去，哪儿都很好玩。小城边上的小山自然是很好玩的，可以上树抓知了，可以下到小溪里摸鱼。跟外婆去买菜也很好玩，在家的时候，买菜都上超市，匆匆忙忙采购完就走；但是在老家，买菜要上市集，除了经常碰到各种新奇的野菜、果子，市集上还有许多好吃的点心、小吃，昊昊跟着外婆走一路吃一路，外婆还会笑着说："你妈妈小时候就爱吃曾婆婆家的糕。""妈妈小时候吃过"，这让昊昊感觉很神奇。每天傍晚和外公散步也充满乐趣。在家的时候，每回跟爸爸、妈妈散步，昊昊要么骑自行车，要么滑轮滑。但跟外公散步不一样，昊昊宁可选择走路，因为外公总是给他介绍各种好玩的植物，什么三叶草啦、官司草啦、节节草啦，虽然只是简简单单的散步，但有了外公，就变得乐趣无穷。三叶草通常只有三个叶片，外公说，如果找到有四个叶片的三叶草就会带来好运。不过，最让昊昊兴奋的还是三叶草的"种子炸弹"，只要找到那种鼓鼓胀胀的种荚，轻轻一碰，就会噼里啪啦"炸"出许许多多白色、棕色小芝麻似的种子。外公第一次把这种游戏介绍给昊昊的时候，昊昊一直玩到天黑才舍得走。还有官司草，这种草特别强韧，挑出两根粗壮有筋的官司草，外公在其中一根的草头上打个结，昊昊把另一根穿过结去，然后两个人一人一根握住，互相拉扯，谁的草先断谁就输，虽然昊昊力气没有外公大，但只要草挑得好，昊昊也是当过常胜将军的呢。昊昊只在老家见过节节草，这是像竹子一样空心，看上去一节一节的小草，最厉害的地方是把节节草一节一节彻底分开之后，还可以按照原样插回去，重新组成完整的草。昊昊曾经把几根节节草夹在书里带回自己家，想等着开学了给自己的好朋友看，不过等到开学的时候想起来，打开书一看，节节草都干掉了，虽然能分开但没法插回原样了。

外公早年当过老师，业余时间很喜欢研究地方历史，收集些方志、石碑拓片什么的，闲时外公会把这些宝贝拿出来给昊昊看，有时还带着昊昊大街小巷探秘，各种古老的典故和神秘的传说信手拈来，不仅让昊昊百听不厌，渐渐还吸引了街坊邻里的一群小朋友跟上来听“讲座”，也顺便让昊昊交到了许多新朋友。在老家的日子似乎总是比在自己家过得更快，昊昊很高兴自己能有一个老家。

分析

每年的假期，是很多已经离开带孙一线的祖辈“重返岗位”的日子。“祖辈参与”调研发现，在儿童上幼儿园以后，有祖辈参与教养的城市家庭中，祖辈不分假期还是学期，几乎全年参与教养的家庭比例为 31.2%；而祖辈教养时间主要集中在儿童放假期间的家庭比例为 39.3%。调研同时还发现，城市家庭中，七成以上的家庭至少有一方祖辈居住在外地，换句话说，七成以上的城市儿童拥有自己的“老家”。因此，我们会看到一批像候鸟一样的孩子，假期来了，就飞去爷爷、奶奶、外公、外婆生活着的“老家”，快开学的时候又回到自己生活的地方。时空的转换，让每年的这一段祖孙时光呈现出与平时不同的色彩，也给予孩子们不同的收获。

对于已经进入小学的孩子来说，日常的生活似乎都围绕着学习进行，白天在学校上课，回家则要完成学校和家长布置的各种作业，即使到了周末和假期，很多孩子也常常是奔波于各种兴趣班、补习班。中国教育科学研究院 2013—2014 年在全国范围开展了“小学生家庭教育现状调查”，调查中，49.49%的小学生表示，父母和自己聊得最多的话题就是“我的学习”。该调查让小学生说一个最想让家长帮忙实现的愿望，有 22.01%的孩子选择“给我一天自由时间”，有 14.52%的孩子选择家长“陪我疯玩一天”。如果说“自由时间”和“疯玩”在上学期间，在时刻盯着学习的父母身边看起来颇有些“遥不可及”，那么在假期、在老家，回到祖辈身边，这些愿望似乎变得“触手可及”了。案例中，对于回到老家的昊昊来说，生活中不再只有紧张的学习，还增添了许多在家时不曾有过的新鲜的生活体验，“可以上树抓知了，可以下到小溪里摸鱼”，可以跟外婆悠然地边吃小吃边逛市集，可以利用大自然中处处皆是的野草做游戏，还可以跟着外公去触摸“老家”的历史，感受“老家”的人文氛围。这一切所给予昊昊的，既有身心的愉悦，也有一代代人所积累的生活经验和传承的文化。

案例中，昊昊的外公、外婆其实不光在假期接待过回老家的外孙，我们看到在昊昊小的时候，外公、外婆也曾前往昊昊生活的城市照顾他，但对比他们扎根老家时和为了外孙漂泊异乡时的状态，我们会感觉到明显的差别，而这些差别也常常在养育中给孙辈带来不同的影响。

首先是祖辈自身的心态。许多老漂一族在子女家中只是为了帮忙育孙才短暂居住，因而他们中的一部分常有一种“客居”的心理，想着来此地只是“做客”，早晚要回去，没有必要太过深入当地的生活。这种心理使得部分祖辈在“客居”期间采取了一种相对封闭、消极的生活态度和生活方式，对自己暂居的这个地方缺乏了解的兴趣，乃至对家人以外的各种人、事、物都不太关注。如果参与教养的祖辈持有这种心态，那么结果可能连带着他们所照料的孙辈也常常被动“宅”在家中，很难走出平时生活的街区。

除了这种“客居”心态导致的问题，初来乍到一个陌生环境，祖辈们心理上往往需要一个或长或短的适应过程，再加上带孙这件事，在许多祖辈眼里，不仅要对孙辈负责，还要对将孙辈托付给自己的子女负责，如此三重压力使得许多“老漂”祖辈在照料孙辈时更容易产生紧张情绪，甚至陷入焦虑。他们中的一些人可能还在媒体上看过，又或是听人口口相传过带孩子外出时可能遭遇的可怕经历，因此，在户外活动的场地和内容的选择上，许多祖辈都是慎之又慎。在案例中，我们看到，昊昊的外公、外婆在来昊昊家照顾他的时候，就是因为“人生地不熟”，以至于带昊昊出门时，除了在街道附近的游乐区玩耍之外，通常只去昊昊妈妈指定的“安全”的地方。

然而，当这些祖辈一朝回到家乡，他们的“主场”感得以回归，对周围环境的掌控感让他们心态上随之变得更为开放、积极和轻松。祖辈心态的这种转变自然也会传递到跟随祖辈回老家的孙辈身上。在昊昊家的案例中，我们可以看出，不同于“客居”女儿家时的情形，回家后的外公、外婆显然是如鱼得水，家里家外都展现出很高的生活情趣和教育智慧，无论是爬山、买菜，还是看书、散步，都能让外孙在愉快的氛围中接收到多方面的有益熏陶。

其次，祖辈在异乡和家乡所能主动调用的教育资源也往往不可同日而语。在昊昊家的时候，无论是去博物馆、科技馆还是亲子活动场馆，这些教育资源主要依赖于孩子父母的安排，而“人生地不熟”的外公、外婆，更多地，恐怕还是充当昊昊父母各项家庭教育和启蒙活动的执行者。不过，到了昊昊回老家的时候，情况就完全不同了，外公、外婆几十年生活的积淀，使得家乡的一草一木、一桥一屋都化身为触手可及的教育资源，为昊昊带来有关自然、地理、历史、人文等各方面最鲜活的滋养。我们看到，无论是外婆手里“你妈妈小时候爱吃”的糕点，还是外公口中那些地方典故和传说，无疑都可以被看做是传递家人情感和传承家乡文化的媒介。

可见，让孙辈“回老家”生活一段时间，无论对祖辈还是孙辈都是非常有价值的一种体验。对于祖辈而言，有孙辈的陪伴，自然可以享受一段天伦之乐，同时，向孙辈传递自己生于斯长于斯所积累的生活经验和智慧，不仅增进祖孙情感，祖辈也能够从这样的交流与传承中获得价值感和满足感。对于孙辈而言，“回老家”让他们得以从紧张的学习和相对程式化的日常生活中拥有一次短暂的“逃离”，劳逸结合之余，更是丰富了他们的人生体验。如果祖辈引导得当，在老家，孩子们有机会感受自己和父母的来历，理解血脉和文化的传承，对于“老家”的归属感和自豪感也得以提升。“老家”这个词对于孩子来说，常常不如成人的体会来得厚重，反倒是非常具体，也许就是一筐枇杷，一次下到小溪里捉鱼的经历，一段节节草，一块好吃的糕点，一个动人的传说。因此，给孩子这样的机会，让他们能够体会蕴藏在日常生活中的乡音乡情，让这一切伴随他们成长，成为童年回忆的重要部分，这也是每一位祖辈、每一位父母应该给予孩子的家庭教育。

建议

给祖辈的建议

首先，如果孙辈假期回老家，祖辈应该为孩子创造机会，多看、多感受当地的风土人情。有的祖辈也许会犯愁，自己生活的地方并没有什么了不起的自然风光或是名胜古迹，因此不知道孩子来了可以去哪儿。其实让孩子去感受和认识自己的“老家”，不见得非得去名胜古迹，相反，像菜场、市集、庙会、公园、地方博物馆、公共图书馆、文化活动中心等地方，甚至是社区组织的一些活动都是向孩子展现老家风貌最好的场合。

其次，可以向孙辈介绍与家庭记忆甚至家族历史相关的事物、地点。比如孩子爸爸、妈妈出生的医院、就读的学校，爷爷、奶奶曾经工作的地方，外公、外婆拍结婚照的照相馆，等等。祖辈可以给孩子看老照片，然后来一次故地重游，让孩子有机会更深入地了解自己的家族、家人。

第三，许多祖辈在异乡照顾孙辈时，常常因为食材的欠缺或是因为要照顾更多人的口味而难以全须全尾地烹制一顿真正的家乡味大餐，借孙辈回老家的机会，不妨从准备食材开始带着孩子一起制作当地美食。美食是文化的重要组成部分，美食的滋味往往能长时间停留在一个人的记忆当中，标记他的文化之根。

第四，如果孩子的父母没有跟着孙辈回老家，祖辈要鼓励孩子与父母以口头、书面等多种方式分享自己在老家的经历，一来可以保持亲子之间的情感交流，缓解彼此思念之情；

二来也是培养孩子写作兴趣，锻炼孩子语言表达能力和写作能力的一个很好的方法。

最后，祖辈照顾“回老家”的孙辈时，最好提前跟孩子的父母了解孩子平时的生活习惯，不要因为假期没有父母在身边，就任由孩子打破良好的生活作息或是养成一些不良的生活习惯。同时，对于在学业管理上仍处于习惯养成阶段的孩子，在鼓励孩子自我管理的前提下，祖辈可以适当地给予提醒，避免造成假期学业安排前松后紧，作业堆积的现象。

2 听爷爷讲那从前的故事
——家庭历史的传承

案例

晴晴跟爷爷的关系不像跟奶奶那么亲近，虽然爸爸、妈妈告诉她，3 岁以前都是爷爷、奶奶一起照顾她的，但时间太久远，晴晴的记忆中已经没有留下多少印象了。她只知道现

在半个月去一次“奶奶家”，每次一进门，奶奶就会亲热地拉过她的手，把她拉到茶几旁，那里总是堆满了她最喜欢的零食和水果。奶奶有一双巧手，给晴晴的洋娃娃织过漂亮的裙子和帽子，奶奶还教过她织围巾。而爷爷，则总有些距离感，爷爷不苟言笑，又喜静，除了偶尔跟她下下棋，更多的时候，爷爷似乎总是喜欢待在自己的房间里。

不过这一回来“奶奶家”，晴晴是带着任务来的，而这任务，没有爷爷的支持还真不行。原来学校近期开展“传家训、讲家史”的主题活动，要求学生利用周末时间采访家人，了解自家的家庭历史和家风家训，回头要制作成手抄报在学校橱窗展示，还要在班会上做分享。晴晴曾经在户口簿上看到过自己的籍贯，当时还觉得奇怪，自己和爸爸都是在上海出生的，怎么籍贯上写的却不是上海呢。爸爸当时回答，因为籍贯是祖辈出生的地方，而爷爷是 5 岁才来上海的，所以晴晴和爸爸的籍贯就不是上海了。这回写家史，晴晴第一时间向爸爸求助，爸爸却有些为难，原来他对家里过去的事情也只知道个大概。爸爸让晴晴这周上爷爷那里，自己去问问。于是，去之前，晴晴先给奶奶打了个电话，说了说学校作业的要求。等到晴晴来到爷爷、奶奶家时，嚯，茶几上又是满满的，不过这回可不是零食水果了，而是爷爷翻找出来的家谱和老照片。

看着这一张张老照片，平时有些严肃的爷爷眼睛里闪烁着光芒，在晴晴面前第一次打开了话匣子。爷爷提前整理好了照片的顺序，此刻挨个给晴晴介绍起家里的先辈和亲戚，从曾祖辈到爷爷这一辈，再到晴晴爸爸这一辈人，最后还有打印出来的爷爷、奶奶抱着小婴儿时期晴晴的照片。晴晴这才第一次知道自己曾祖父母和曾外祖父母的名字，知道原来曾祖父母是怎么从老家来到上海，一开始曾在哪里落脚，又搬了几次家才定居在爷爷现在住的这个区，晴晴还知道了爷爷和奶奶如何相识，又是在哪家医院生下了晴晴的爸爸。晴晴目不转睛地看着照片上一张张熟悉而又陌生的面孔，脑海里浮现出几代人在上海安家、立业的画面，第一次切身体会到"家人"原来不止是爸爸、妈妈和自己，不禁感叹，原来这个世界上有这么多人，即使从未谋面却与自己血脉相连着。

看完照片，爷爷又郑重地打开略有些发黄的家谱，上面记载了历代先祖迁移、出仕、婚配等种种大事，爷爷也一一为晴晴做了解读。再往后看，只见一页上写着"家训"两个大字，爷爷先是从头到尾给晴晴读了一遍家训的内容，之后又指着其中一行念到："端方守善，诗书传家。"念完，爷爷眼里含着笑意，对晴晴说："晴晴，你爸爸的名字里有个'诗'字，你的名字里有个'书'字，爷爷的名字里呢，有个'善'字，你知道这几个字是从哪里来的吗？"晴晴一听，兴奋地说："原来是从家训里来的!”“没错,为了让后人时刻记住家训,所以老祖宗规定后代要把家训里的文字用到大家的名字里,同一辈人的名字都用同一个字,下一辈再用下一个字。比如爷爷是‘善’字辈,爷爷和爷爷的兄弟名字里都有个善字,你爸爸呢,是‘诗’字辈,而你就是‘书’字辈。只要是我们家的人,不管多远的亲戚,只要看名字里的这个字,就能知道长幼辈分。”爸爸听了,在一旁笑着补充道:“以前的人重男轻女,这个字还只给男孩用,不给女孩用呢。到了你这一辈,你爷爷疼你,又觉得这个‘书’字挺好,就给你用在了名字里。”“现在生儿生女都一样啦。”爷爷也笑了,说着翻到家谱最后一页给晴晴看:“爷爷啊,把晴晴也写进了家谱,‘端方守善,诗书传家’,爷爷相信你一定会成为这样的人。”看着爷爷充满希冀的眼神,想着自己名字的来历,晴晴感到自己和爷爷之间的距离拉近了,同时对‘家’这个字也有了一种前所未有的沉甸甸的感情。

分析

近年来,家风、家训和家史等中国传统家庭文化传承的核心要素,在经历了社会和家庭结构变迁所带来的冲击后,再度受到了全社会的关注和重视。2014年春节期间央视推出“新春走基层·家风是什么”节目，该节目邀请老百姓来谈一谈自家的家风，这种做法使得“家风”从过去囿于私人领域的传承，走上了公共展示、传播和学习的平台。2015年教育部印发《教育部关于加强家庭教育工作的指导意见》，该指导意见在“丰富学校指导服务内容”方面，开门见山地指出：“各地教育部门和中小学幼儿园要坚持立德树人根本任务，将社会主义核心价值观融入家庭教育工作实践，将中华民族优秀传统家庭美德发扬光大。”在上级教育部门的指挥下，越来越多的学校纷纷开展书写家庭历史、弘扬好家风、传承好家训一类的活动。我们看到，通过学校举办这类活动，其推动效果是显著的。就好像案例中晴晴家的情况，如果不是学校开展“传家训、讲家史”主题活动，也许晴晴还要过更长的时间才会经由别的契机接触到自己家族的家史、家训。不过，学校的推动通常只能作为一个引子，归根到底，家庭历史和文化的传承也好，家风的建设也好，还是要依靠家庭自己。

事实上，出于种种原因，会主动跟孩子讲述家史，谈论家风、家训相关问题的家长似乎并不多。陈延斌、张琳等学者曾在我国十城市开展家风、家教现状调查，发现仅有三分之一的家长与孩子讨论过家风、家训。在晴晴家的案例中，我们也看到，在学校布置“传家训、讲家史”作业之前，无论是晴晴的父母还是祖辈，都不曾向晴晴讲述过家史，或是谈起过家训。先来看晴晴的父母，我们注意到，晴晴家难得的一次触及家庭历史的讨论来自晴晴和爸爸之间关于自己籍贯的对话，但也只说到“爷爷是 5 岁才来上海的”就点到即止，并未借机展开，而当晴晴拿着作业向爸爸询问家史、家训时，爸爸的反应则是让晴晴去找爷爷，因为爸爸自己“对过去的事情也只知道个大概。”从爷爷后来的介绍中，我们了解到，晴晴大名中的“书”字直接来自于家族的家训，但此前，晴晴的爸爸、妈妈似乎也未曾向晴晴提起过。由此可见，在日常亲子交流互动中，晴晴的父母似乎缺乏向下一代传递家庭历史，开展家风、家训教育的意识。

再来看晴晴的爷爷，我们看到爷爷不仅精心保存了家中历代人的照片和家谱，还郑重地将晴晴写入家谱中。在给晴晴取名时，也是爷爷破除男女成见，首先建议将家训中对应辈分的“书”字给晴晴用在大名里，并且，在祖孙俩关于名字的对话中，爷爷也明确地表达了自己对晴晴能够传承和践行“端方守善，诗书传家”的家训所抱有的美好期许。爷爷的这一系列举动，都显示出他对于家史、家谱和家训有着相当的重视，并且对于延续先祖留下的家庭传统有着强烈的愿望。实际上，当代中国城市家庭中，能够像晴晴爷爷这样保存着家谱、家训文献的，可以算是凤毛麟角了。陈延斌、张琳等人在进行家风、家教现状调查时发现，对于“您家有传承下来的家规、家训吗”这个问题，仅有5.49%的家长回答“有，且有文字记载”。

然而，即便是一直细心保存家谱的晴晴爷爷，也是直到晴晴主动向他请教时，才头一回打开“时光宝盒”，把自己珍之重之的历史呈现给孙女。为什么会出现这样的情况呢？我们可以设想，爷爷其实并非不想跟晴晴分享，相反，他甚至可能一直期待着这样的机会。然而，在爷爷、奶奶照顾晴晴，跟晴晴之间有更多互动机会的时候，晴晴的年龄还太小，那个时候，爷爷也许觉得跟孙女说了也不懂吧。可是，等到晴晴长大了，爷爷、奶奶已经搬回了自己家，跟晴晴半个月才能见上一回，再加上爷爷“不苟言笑”，孙女跟爷爷之间似乎总有些距离，这样一来，即使爷爷想跟晴晴坐下来聊聊“过去的事情”，一来不知从何说起，二来也拿不准孙女对这些“老一套”的东西是否感兴趣，结果只能是欲言又止。

好在，在学校的推动下，我们看到，爷爷终于等到了给孙女讲述家庭故事的机会。从效果来看，晴晴不仅对这些故事兴致满满，而且通过这些故事，还增进了晴晴对父辈、祖辈甚至曾祖辈的了解，扩展了晴晴对“家”和“家人”的认识；而通过观看家谱，听爷爷诉说晴晴取名的渊源，不仅让晴晴感受到爷爷对自己深沉的关爱和真切的期待，也激发了晴晴作为家族一份子的归属感和“沉甸甸”的荣誉感。从晴晴的例子可以看出，跟晚辈讲述家庭故事绝不是过时的“老一套”，而是具有多方面的价值。

有人认为中国当前家庭结构的变化是导致家史、家风、家训文化式微的重要原因之一，这里所说的变化，指的是由两代人组成的三口或四口之家逐渐取代过去三代同堂甚至四代同堂的传统大家庭。“祖辈参与”调研发现，到小学阶段，主要与父辈和祖辈三代人共同居住的城市儿童比例为31.3%；而主要与父辈两代人共同居住的城市儿童比例为63%。看起来“小家庭”已经成为中国城市家庭的主流。而从“大家庭”到“小家庭”，最直观的改变之一就是祖辈和孙辈不再同住一个屋檐下了，客观上来讲，这种物理距离的变化确实降低了祖孙之间交流互动的频率，减少了家庭故事隔代传递的契机。不过，正如案例中学校的一次主题活动就能够触发晴晴家祖孙之间关于家庭故事和家谱的谈话，这说明物理的距离并不是家史、家训文化传承不可逾越的障碍，相反，真正的阻碍来自家长传承意识的欠缺。因此，我们认为，无论是孩子的父母还是祖辈，都应该重视家庭故事和优秀家庭传统文化的传承，将其当做实施家庭教育和促进家庭和谐的宝贵资源，善加利用。

建议

给祖辈的建议

第一，祖辈自己首先要理解和肯定向晚辈讲述家庭故事的价值，这个价值来自：(1)让晚辈了解到，历史不光是由历史书上的大事件、大人物组成，千千万万普通人和普通家庭的经历同样值得铭记和流传；(2)每个家庭的故事不同，可能其中有值得推崇的部分，也有需要反思的地方，但无疑都能够在某些方面给晚辈以榜样、启发或是警示。祖辈向晚辈讲述家庭故事的过程，其实也是传递为家庭所认可的人生观、价值观的过程，不可轻忽。

第二，祖辈在向晚辈讲述家史的时候也要注意方式：(1)尽可能使用讲故事的方式，娓娓道来，切勿讲着讲着就变成了生硬的说教或是反复唠叨，结果反而打消了孩子听故事的积极性；(2)讲述家史时，如果能结合一些老照片、家谱或是跟故事相关的老物品，一边展示一边讲，会更有利于孩子的理解。

第三，伴随着时代变迁，人们对自身、对家庭、对社会的认识也在不断发展，祖辈在向晚辈讲解家规、家训等传统家庭文化内容时，应该与时俱进。与时俱进体现在两个方面：(1)对传统家庭文化中精华的部分予以发扬，对其中的糟粕，比如“重男轻女”一类的思想则应当予以批判和抛弃；(2)对于大家都认同但原有家规、家训中没有的内容，也可以进行添加，让全家人一起来参与更新和创造自家的家庭文化。

给孩子父母的建议

首先，儿童父母本身负有向孩子传递家庭历史和文化的责任，因此上述给祖辈的建议同样适用于儿童父母。

其次，儿童父母还应当以身作则，一方面可以主动向长辈了解家庭的过去，协助长辈整理相关资料；另一方面，如果本身有记日记的习惯更好，如果没有，也可以尝试记录下自己所经历的家庭中的大事件，形成新的家庭文献。父母们还应注意保留具有纪念意义的资料、物品，这些都是家庭历史和文化传承的宝贵财富。

3 节庆，生活中的仪式感

案例

端午节快到了，安安外婆提前好几天就开始张罗起来，最紧要的，是托相熟的菜贩帮忙贩来新鲜粽叶、艾草和菖蒲。粽叶要提前一天准备，艾草和菖蒲则是端午节当天买最新鲜。外婆感慨到：要是在老家，这些东西在路边上就能买到，不像这里，大家都习惯了从店铺或者网上买现成的粽子吃，

自己做粽子的材料反而难找。而且，现如今想吃个粽子，一年 365 天都可以吃到，也不像以前有个盼头，反而丢掉了过节的气氛。

端午节前一天，平时经常加班的安安父母提前安排好了工作，准时回家。吃过晚饭，一家人便在外婆的带领下开始包粽子。粽叶是安安写作业的时候，外婆带着安安的弟弟端端一起洗好的，端端还不到 5 岁，对他来说，洗粽叶这件事与其说是干活，不如说是玩水，不过小伙子也没全忘了正经事，把洗好的粽叶叠得整整齐齐，浸在凉水里。粽叶一旁是泡好的粽子米，外婆家传的粽子米配方是 8 份糯米配 2 份大米，“如果全用糯米，包出来的粽子太软烂”，外婆解释道。外婆是包粽子的一把好手，虽然一年就包这么一回，但是粽叶在她手上听话得很，一会儿就包了好几个。安安妈妈小时候跟着外婆包过粽子，后来离家读书、工作，这手艺也放下了得有十年，幸好童子功还在，包得虽不如外婆快，但成品倒也整齐美观。安安爸爸小时候从没包过粽子，这两年为了给安安和端端做个榜样，跟着外婆现学，手法上难免生疏，不是绳子扎歪了，就是漏了米。安安在一旁笑道：“外婆是第一梯队，我和妈妈是第二梯队，爸爸的漏粽子跟端端一个水平，只能排第三梯队。”爸爸也笑：“你加油，都漏了爸爸就吃你包的，享清福咯。”安安揽住自己跟前的粽子，跟爸爸做个鬼脸：“你平时还批评我学习上甘居中游，你是大人，怎么能甘居下游呢？”就这样，一家人有说有笑，一会儿就包好了一大盆。

往年家里除了自己吃，也会多包一些送给隔壁和楼上楼下的邻居，这是外婆的建议，感谢邻居对两个小家伙的包容。今年呢，在往年基础上又增加了一些，那是因为安安提出要求，要送一份给自己最好的朋友小敏尝尝，外婆和爸爸、妈妈自然都举双手双脚表示同意。安安家包的就是普普通通的白粽子，但奥秘在粽子之外，那就是自家熬的红糖和现磨的黄豆面。“白粽子蘸着红糖和黄豆面吃可香了，比那些红枣的、豆沙的好吃100倍！”安安跟好朋友小敏说这话的时候，觉得自己口水都要流出来了。为了能把这一套东西整整齐齐地带给好朋友，安安还专门加快了家里果酱的消耗速度，提前攒了2个小果酱瓶子用来装红糖和黄豆面。

第二天就是端午节假期了，全家人一大早就忙开了，外婆带着端端去菜场，除了要取回预定的艾草和菖蒲，还要买咸鸭蛋、苋菜。挂好了艾草和菖蒲，全家人一起做了个大扫除，把家里收拾得干净整洁。忙完已经将近中午了，大家吃过简单的午饭，乘着端端和外婆午休的时间，妈妈带着安安在客厅里编祛病祈福的五彩绳，这回也特意为小敏编了一根。编完彩绳，得开始准备红糖和黄豆面了，大家分工，妈妈一边炒黄豆，一边熬红糖，炒好的黄豆交给爸爸和安安一起磨黄豆面，过筛。三个人正忙着，忽然一回头，发现香味把端端给吸引过来了。一切准备就绪，爸爸、妈妈带上安安、端端去给邻居们送粽子，大家对安安家每年都用心准备端午礼物很是感动，有的备下小香囊作为回礼，有的回赠以自己家包的粽子，还有的送上老家的土特产请安安、端端品尝。邻居们感慨，住楼房这么多年，之前邻里都比较疏远，安安家的贴心举动倒是让大家重温了过去的亲近，彼此热络起来。

接下来，爸爸载着安安去给小敏送粽子，而今晚的主角——外婆也上场了，开始操办晚上的节日大餐。外婆是四川人，在四川老家，端午节除了粽子，还要吃鸭子、咸鸭蛋和苋菜。妈妈一边帮外婆择菜，一边回忆起小时候上街排队买冒鸭子的情景，烤得香喷喷的鸭子咕嘟嘟地冒在卤水汤料里。“这里是吃不着正宗冒鸭子了，今年我们吃酸萝卜老鸭汤，鸭子性凉，酸萝卜开胃，适合夏天，两个小的也喜欢。”外婆说着从泡菜坛子里捞出泡足6个月的大萝卜，咚咚咚地切起来。这道菜确实特别受到安安和端端的欢迎，安安在外面餐厅也吃过这道菜，但总不如外婆做的滋味好。油汪汪的咸鸭蛋是端端的最爱，不过因为咸鸭蛋含盐量高，平时爸爸、妈妈很少让他吃，小伙子听说端午节要吃咸鸭蛋，已经惦记了几天了。端午节吃苋菜的习俗，据外婆说是为了清肺，不过对安安和端端来说，最有趣的是用苋菜汁水拌出来的粉色米饭。

很快，厨房里各种香味交织着飘散出来，勾引着每个人肚子里的馋虫，勾起大人们对家的回忆，也在小孩子的心中埋下家的味道。

分析

家庭教育首先是生活教育。我们的生活既有日常的部分，也包含了节庆的部分。在日常的生活中，家庭中的成年人通过自己的一言一行潜移默化地教育和影响着儿童；而节庆的日子，则是每个家庭的价值观得以集中展现的重要时刻，在此期间，儿童有机会浸润在相对于平时更为浓厚的家庭文化氛围当中，体验家庭成员之间紧密的情感连接，强化对于家的归属感，并通过观看和参与各种家庭仪式和庆祝活动，自然而然地了解和习得家庭中的文化传统和家庭所推崇的道德观、价值观。

结合安安家的案例，首先来看好的家庭节庆活动如何强化家庭成员之间的情感连接。过端午离不开吃粽子，我们看到，在外婆的带动下，安安家没有直接购买现成的粽子，而是选择了全家人一起来制作这种节日食品。在生活节奏越来越快，饮食习惯也相应地越来越追求便捷的现代家庭中，亲手制作粽子这样的节日食品看起来似乎繁琐而低效，且不说包粽子所花的时间，光是提前预定粽叶，以及粽叶买回来后的清洗和处理工作就颇为费心费力，更别提与粽子搭配食用的红糖浆和黄豆面也都需要一一手工制作。然而，我们看到安安家的每一个人都非常珍惜全家人一起包粽子的这段时光，为此，平时经常加班的爸爸、妈妈在这一天会提前安排好工作，准时回家，原来没有包过粽子的安安爸爸也特意跟着外婆现学起来。在某种程度上，外婆发起的包粽子活动给了安安父母一个难得的机会，来弥补平时无法多陪孩子的遗憾。在当代中国城市家庭中，有太多的家长和安安父母一样，因为工作压力而不能充分参与孩子的教养。在“祖辈参与”调研提问过的3 600多位父母里，有超过一半的人将“自己能投入教养孩子的时间有限”这一条列为教养孩子时遇到的最大困难，超过了选择“缺乏育儿经验和知识”以及“自身受教育水平有限，辅导孩子学习有困难”的比例。自古以来，家人团聚就是中国家庭幸福观的重要组成部分。全家人坐下来一起包制粽子，共度一个充满欢声笑语的夜晚，再加上端午当天的家庭晚宴等，这样的一个端午节给予安安和端端的，既是一次有质量的亲子陪伴，也将成为一段留在他们心底的温馨回忆。

其次，好的家庭节庆活动还有利于向晚辈传递家庭所推崇的价值观。俗话说得好，“远亲不如近邻”，安安外婆显然是这句老话的拥护者。邻里关系曾经是中国人地缘人际关系的重要组成部分，而邻里之间的和睦互助也一直受中国人普遍推崇。然而，当代城市生活中，由于人口流动性增强、居住方式变化等原因导致邻里之间关系逐渐疏远，许多人虽比邻而居，但不知对方姓甚名谁，彼此也从不往来。邻里关系的这种变化，正如案例中所看到的一样，有时并非住户们刻意选择形成，相反，许多住户家庭对于早年体会过的邻里亲近仍然心怀向往，只是缺乏一个合适的契机让大家打开家门互动起来。安安外婆为了感谢邻居对两个小家伙的包容，让安安父母带上两个孩子给邻居们送上自制粽子的举动，正好起到了穿针引线的作用，而我们注意到邻居们也积极回应安安家每年送粽子的举动，所谓礼尚往来，这样一来一往之间既重塑了邻里之间的亲近关系，也向安安和端端展示了人际交往中的规则和善意。安安或许正是受到每年给邻居们送粽子的启发，学会了用送粽子给好朋友的方式表达彼此的友情。此外，端午节的活动还显示出，安安家非常看重每个家庭成员对于家庭的一份责任感，具体表现在以下两个方面。(1)成人做出表率，积极参与家庭集体活动。比如安安父母特意提前安排好工作，以便参与包粽子这件具有仪式感的家庭活动；又比如为了给儿女做榜样，从没包过粽子的安安爸爸努力学习包粽子。(2)在家务劳动中强调全员参与。案例中，安安家包粽子活动和洒扫除尘活动都是全员参与，连不到5岁的端端也知道要贡献自己的一份力量，在洗粽叶的时候，虽然很想玩水，但也没忘了正经事，把洗好的粽叶叠得整整齐齐，浸在凉水里。很显然，端端的这份正在萌芽的家庭责任感正是来自家中大人的引导和以身作则。注重邻里关系，强调家庭责任，这样一些家庭中秉承的价值观，通过端午节这一桩桩、一件件的小活动集中而又自然地由外婆、爸爸、妈妈传递给安安和端端，成为了他们人格的一部分。

建议

给祖辈和孩子父母的建议

“家有一老，如有一宝”，祖辈身上沉淀的有关传统文化活动的记忆，对于生活在传统节庆文化式微，节日氛围越来越淡化和商业化的今天的孩子们来说，是非常珍贵的财富。与其把春节、清明、端午、中秋这一个个极具中国特色的传统节日过成普普通通的假期，祖辈们不妨凭着记忆，带领孩子们亲手制作节日食品，或是有选择地在家庭内部开展一些蕴含美好价值的节庆小节目，又或是带孩子们在节日期间前去观摩本地有代表性的公共仪式活动。中国的传统节日非常重视“家”的元素，通常会强调家族传承、家庭团聚以及家人之间的美好祝福，祖辈和儿童父母正可以抓住传统的节庆活动这一契机，将家庭传统文化的种子播撒在孩子的心里。

除此之外，家庭的文化传统背后蕴藏着的是一个民族的文化传统，个体家庭开展的节庆活动同时也向孩子们传递着中国传统的文化价值、生活智慧和审美情趣。有的家长可能会认为，说起文化传承，自家孩子会背许多关于端午、中秋的诗歌，说起这些节日的典故也是头头是道，这还不够吗？答案是，知道这些虽然很好，但是还不够。文化记忆的传承途径有二，一是文字，二是仪式，后者比前者更直观，也往往更符合儿童的学习习惯。在节庆期间，诵读古诗词，分享节日典故自然有不可否认的价值，但如果能够同时让孩子体验相应的节庆活动和仪式，使文化与孩子之间发生切实的连接，二者相辅相成，相信会给孩子带来更为丰厚的收获。

小测试

请结合您在本章节学习到的内容，判断以下说法是否正确，共 5 道题目，每题 20 分，满分 100 分。

1. 让孩子感受和认识自己的“老家”，不见得非得去名胜古迹，相反，像菜场、市集、庙会、公园、地方博物馆、公共图书馆、文化活动中心等地方都可以成为向孩子展现老家风貌最好的场所。

A. 对　B. 错

2. 只有历史书上的历史才是值得去了解和学习的，家庭历史这样的东西没有任何传承的价值。

A. 对　B. 错

3. 祖辈在向晚辈传递传统家庭文化时，对其中精华的部分要予以发扬，对其中的糟粕，应当予以批判和抛弃。

A. 对　B. 错

4. 蕴含纪念意义的老照片、老物件是向孩子展示家庭历史的重要媒介。

A. 对　B. 错

5. 所谓传统文化都是些书本上的知识，跟孩子的家庭教育没什么关系。

A. 对　B. 错

答案：1. A；2. B；3. A；4. A；5. B。

0—60 分：对于祖辈“生活经验和文化的传承者”这一角色，您还需要进一步加深认识，继续努力哦！

80 分：对于祖辈“生活经验和文化的传承者”这一角色，您已经有了比较好的理解，不错！

100 分：对于祖辈“生活经验和文化的传承者”这一角色，您已经形成了完整而准确的认知，为您点赞！

第四章

终身学习者

“活到老学到老”，随着时代进步，人们的观念和知识可谓日新月异，而各种新的产品和技术也是层出不穷。在参与孙辈教养的过程中，祖辈们常常发现，不仅育儿方面的一些老经验、老办法放到现在不适用了，需要更新换代、与时俱进；一些看似与家庭养育无关的知识和技能的学习也时不时被提上议事日程。为了更好地教养孙辈，同时也为了更好地适应和享受新时代的晚年生活，祖辈们需要把自己放在“终生学习者”的位置上，以开放的心态去拥抱新观念、扩充新知识、升级新技能。

1 拥抱新观念

案例

如意妈妈自打如意出生就当起了全职妈妈，但她最近得到一个很好的工作机会，实在舍不得放弃，于是夫妻俩向如意奶奶发出了帮忙带孙的邀请。奶奶其实一直盼着能亲手带养这个孙子，但如意出生那会儿，自己还没退休，如今心愿

得偿，终于可以天天和如意在一起，奶奶心里美滋滋的。为了照顾好这个宝贝孙子，奶奶使出了浑身解数，真是应了那句“捧在手里怕摔了，含在嘴里怕化了”。但一段日子下来，奶奶发现，自己认为的“好”似乎跟如意爸爸、妈妈认为的“好”不太一样。

就拿如意吃饭的事情来说吧，按照奶奶的观念，当然是吃得多才好，吃得多才长得壮嘛。奶奶看着如意的小细胳膊，心里暗自下定决心，一定要把如意养得白白胖胖。于是，平时奶奶留心观察着如意爱吃的菜，如意爱吃什么奶奶就专门做什么，而且吃饭的时候，奶奶也是变着法儿地让如意吃得多一些，有时如意已经下桌玩玩具了，奶奶还跟上去再喂两口，仿佛如意每多吃上一口都是奶奶的成就。

周末这天，奶奶烧了一大锅如意最爱的红烧肉，眼看如意已经吃了不少，奶奶还在往如意碗里夹，如意妈妈坐不住了，但又不便直接说，只好问如意：“如意，你还吃得了吗？”没等如意回话，奶奶接道：“这才多少？平时如意还能再吃半碗呢。”如意摇摇头，表示吃不了了。奶奶看孙子没跟自己站一条战线，有点急了：“小孩子家家知道什么饱饿，你看你细胳膊细腿的，就是因为以前吃太少，营养不够。”说完继续哄着如意说：“来，把碗里的这几块吃了，奶奶专门给如意做的，多香啊，吃完了下午奶奶带如意去买巧克力。”看着如意在巧克力的诱惑下继续埋头吃肉，如意妈妈有些无奈："他饭量一直这样，再吃该积食了。"奶奶不以为然："那是你们做的不合我们如意胃口，你看他现在吃得多好。"午睡的时间，如意躺在床上翻来覆去睡不着，奶奶寻思着是不是因为天太热，正准备去找把扇子，忽然，如意哇地一声吐了。这可把奶奶吓坏了，连声催着要上医院。如意妈妈一边给如意处理，一边道："这就是吃多积食了，吐出来反而好了。"奶奶将信将疑："真的不用去医院吗？真的是因为多吃那两块肉？"

如意是奶奶的心头肉，奶奶见不得如意受一点挫折和委屈。有一回，如意搭积木，眼看就要完成一座高塔了。这个时候，爸爸下班回来了，就在爸爸进门的时候，如意新加的一块积木位置没有选好，高塔失去了平衡，哗啦一声倒塌了，如意小嘴一瘪，两手把剩下的积木一推，哭了起来，奶奶见状，赶紧过去抱住孙子："好如意，乖如意，奶奶的小宝贝儿，不哭啊不哭。"见安慰无效，奶奶转头责备儿子道："都是爸爸害的，早不进门晚不进门，偏偏捡这个时候进门，影响我们搭高塔，爸爸得赔我们一个！"如意爸爸一听，不同意了："怎么怪上我了？我这才刚进门。积木倒了要好好找原因，下次改进。可不能教他遇到点挫折就迁怒别人啊。"

还有的时候，遇上如意犯错，被爸爸、妈妈批评，奶奶也总是挡在前面。有了几次这样的经历，如意也学精了，每回犯了错，眼看要挨罚，就赶紧找奶奶做护身符。爸爸、妈妈觉得不能再这样下去，于是找机会跟奶奶商量，希望在教育如意时，家里的大人能够保持态度一致，并且提出，如果奶奶觉得为难，也可以在他们批评如意时稍作回避。可是，奶奶也有自己的道理：“如意还这么小，有什么好教育的，这些事情长大了自然就懂。而且谁家不是一个唱红脸，一个唱白脸，你们两口子倒好，联合起来说他，还不许我心疼了？”

分析

在如意家的案例中我们看到，奶奶感到“自己认为的‘好’跟如意爸爸、妈妈认为的‘好’不太一样”，这里的“不一样”其实是两代人在养育观念上存在的差距，因为原先全职照顾孩子的如意妈妈重归职场，如意奶奶临时受命带孙，虽有一颗疼爱孙子的心，但奶奶在养育活动上所能借助的基本还是自己的老经验、老办法，还来不及与时俱进，结果在带孙时，尽管出发点都是为了如意好，但效果有时却不尽如人意。比如在吃饭的问题上，奶奶根据过去的经验，认为小孩子吃得越多身体才越好，结果劝食过度，引发如意身体不适。相比起如意妈妈相信小孩子也知道饱饿，吃饭应该适量的态度，奶奶的育儿健康观有待更新。

又比如面对游戏中遇到的挫折，原本高塔倒塌是因为如意放积木的位置出了问题，但奶奶为了安慰如意，把责任推到如意爸爸的身上，这就是在对孩子遇到的问题进行错误的外部归因，即把失败和挫折一味归咎于他人、环境等外在的因素，从而回避如意自己操作失误的责任。像如意奶奶这样的错误归因，不仅无法帮助如意找出高塔倒塌真正的原因，从而有机会在下一次积木挑战中取得成功，而且，如果习惯性地将失败归于外部的不可控因素，那么孩子应对挫折、解决问题的能力也难以得到有效提升。而这些正是如意爸爸所担心的。

至于奶奶提出的在孩子犯错时，大人应该“一个唱红脸，一个唱白脸”的做法，确实常见于许多家庭之中，具体表现就是孩子犯了错时，一个家长负责立规矩、严厉管教，另一个则当起和事佬，袒护犯错的孩子。不过，这样的做法并不可取。在案例中，我们就看到，在奶奶的“红白脸”理论影响下，如意小小年纪已经知道拿奶奶当护身符，逃避父母的批评管教。在家庭教育中采取“红白脸”的做法，不仅会降低父母在家庭中的威信，使家长的教育效果打折，家长之间不一致的教养观念和教养方式还容易导致儿童对行为边界的认知混乱，从而出现更多的问题行为，并影响儿童的心理健康。“祖辈参与”调研发现，祖辈与父辈教养方式一致的儿童，其出现的问题行为显著少于祖辈与父辈教养方式不一致的儿童。此外，祖辈与父辈教养方式一致的儿童在心理健康整体情况及其所包含的生活适应、学习适应、学校人际、自我概念、亲子关系各维度得分均显著优于祖辈与父辈教养方式不一致的儿童，甚至，前一种家庭中的儿童在祖孙关系得分上也同样优于后一种家庭中的儿童。

“祖辈参与”调研还发现，虽然祖辈们通常已经拥有了养育一代子女的经历，但接受调查的父母中，对于“祖辈在育儿方面比父母更有经验”的说法，多数(74.5%)表示“完全不同意”或“不太同意”。并且，九成以上的儿童父母对于“祖辈可以完全按照小时候教育你的方法来教育你的孩子”这一说法，同样表示“完全不同意”或“不太同意”。事实上，很多祖辈也意识到了这个问题，调研了解到，“过去教养孩子的经验放在现在不适用”已经成为祖辈们参与教养过程中最大的困难，有55.8%的祖辈为此感到不同程度的苦恼，比例明显高于排在第二、第三位的困难：“体力跟不上”(46.4%)和“自身受教育水平有限，辅导孩子学习有困难”(41.8%)。基于此，如何更新不适用的教养方式，用科学的教养理念武装自己，从而在参与孙辈教养的过程中取得更好的育孙效果，是值得祖辈们思考研究的课题。

建议

给祖辈的建议

首先，“祖辈参与”调研显示，过半（53.6%）的儿童父母对于“祖辈能够接受新的教养理念”是抱有信心的，当然也有许多（46.4%）儿童父母对此持怀疑态度。参与孙辈教养的祖辈应该用更开放的心态面对与自己过去经验不一样的新的教养观念，不要凭着自己是“过来人”就一味固守过去的经验。当然，这并不是说新的观念就一定正确，当前在家庭教育领域流行着许多不同的教育理念和教育方法，令人眼花缭乱，祖辈应该如何甄别呢？说到底还要看这些理念和方法的背后，是否具有正确的儿童观，即是否将儿童看做独立的、发展中的个体，有着自身独特的发展特点和规律。

其次，祖辈们学习新的育儿观念，获取新的育儿知识需要相应的渠道。在“祖辈参与”调研中，根据被访儿童父母的报告，祖辈获取育儿知识的渠道中排在前三位的依次是：祖辈个人经验、从上一辈传承和广播电视/书报杂志；而儿童父母获取育儿知识的渠道中排在前三位的依次是：广播电视/

书报杂志、网络和幼儿园/学校/专业社会组织。显然,两代人的育儿知识获取渠道存在较大差异,相比起来,祖辈的获取渠道更为封闭,以家庭内部的经验积累和传递为主。了解了这一差异,祖辈们应有意识地拓展自身获取育儿新知的渠道。

最后,当祖辈与儿童父母之间因为育儿观念不同发生分歧时,应避免在孩子面前爆发正面冲突。作为祖辈,如果认为儿童父母的教育方式不当,也不要当着孩子的面轻易指责儿童的父母,更不要在背后与孩子议论其父母的不是,要尽可能维护儿童父母的权威。对于不同意不理解的地方,事后再寻找合适的时机,两代人充分进行沟通,争取形成一致意见。

给孩子父母的建议

首先,“祖辈参与”调研发现,对于“生了孩子就会做父母,不用专门学习”这种说法,只有2.4%的父母表示“完全同意”,九成以上(91.9%)的父母是持相反意见的。由此可见,在我国城市家庭中,大多数的父母都意识到通过学习优化养育理念、提升养育能力的重要性。但光有这个意识还不够,父母们需要真正行动起来去学习,包括引导参与孩子教养的祖辈一起学习、共同进步。而在真正学习并掌握科学养育理念之前，如同祖辈不能迷信自己的“过来人”经验一样，父母们也不应理所当然地认为自己的想法就一定比祖辈更正确，全盘否定祖辈提供的经验。

其次，尽管“祖辈调研”显示，有28.2%的父母认为自己是祖辈获取育儿知识的一个重要渠道，但儿童父辈向祖辈的知识反哺过程，如果方式不当，非常容易引发代际的冲突，因此父母们一定要注意方式方法。此外，从祖辈日常活动轨迹和信息择取偏好的特点来看，如果儿童父母希望帮助祖辈更新教养观念，获取育儿新知，通常情况下，社区和学校组织的活动会有更好的效果，比如由社区组织祖辈开展育孙经验交流沙龙，或是由幼儿园/学校的家长学校举办专家讲座，等等。儿童父母可以关注此类活动信息，并及时传递给祖辈，鼓励祖辈参加。最后，儿童父母还可以精选一些互联网上来自权威机构和专业人士的家庭教养相关文章、音频、视频等，推荐给祖辈阅读、收听和观看。

2 扩充新知识

案例

元元很喜欢各种花花草草，也很喜欢问问题。每回跟奶奶出去散步，元元都有数不清的问题。这是什么果子？那是什么花？为什么这个花有香味而那个花没有？为什么树叶两面颜色不一样……奶奶自己是个喜欢养花、养鸟的人，在

奶奶看来，元元对植物的兴趣正是从自己身上“遗传”的，但凡有机会，奶奶总是非常耐心地把自己的知识分享给元元。但奶奶毕竟不是百科全书，渐渐地，奶奶发现自己有些招架不住了，特别是去植物园的时候，元元兴奋地想要知道每一种植物的名字，那些标注了名称的还好说，那些没标注的可就把奶奶难倒了，多亏元元妈妈打开手机上的识花软件，才为奶奶解了围。可是，如果下回元元爸爸、妈妈没有一起来，那该怎么办呢？别说什么识花软件，奶奶用的还是没有上网功能的“老人机”呢。

因为元元喜欢植物，家里买了不少关于植物的图书，以前陪元元看书的事情主要归元元的爸爸、妈妈负责，爸爸、妈妈不在的时候，因为知道奶奶是老花眼，元元就自己看书，遇上不认识的字再问奶奶。有一回元元在草地上吹蒲公英玩，边吹边问奶奶，除了蒲公英，还有别的植物会飞吗？奶奶顺口答到，蒲公英是最厉害的，只有它会飞。没想到过了几天，元元在一本关于种子的图书上看到了好些会飞的植物，元元就像发现了新大陆一样高兴地跑去告诉奶奶。说者无心，奶奶却有点不好意思，不过转念一想，又为孙女的知识超过了自己感到高兴，当即表示要跟元元一起学习。那天，忙完了手头上的家务事，奶奶戴上老花镜，头一回陪着孙女仔仔细细地阅读一本“画书”，奶奶发现，过去真是小看了小朋友读的这些“画书”，原来有的书还是植物学家参与编写的，里面的知识非常丰富，让自己也涨了不少见识。

不过，光凭家里的书可回答不了元元所有的问题，而奶奶又是个认真的人，特别是上回在蒲公英的问题上“出了洋相”以后，奶奶决定再不能对元元的问题信口开河了。奶奶注意到，元元爸爸、妈妈平时回答元元的问题，遇上答不出来的情况，就会上网搜索一些资料。奶奶觉得这个办法很好，于是萌生了学习上网的想法。正好奶奶看到社区宣传栏里介绍，周末有志愿者来教老人使用智能设备。奶奶决定利用这个机会去学习怎么使用平板电脑。元元爸爸听了奶奶的想法，笑道：“您想学这个，我就能教啊。”没想到奶奶却婉拒了：“你们平时忙，周末不加班就多陪陪元元，我还上社区学去。”

在社区志愿者的帮助下，原本抱着试试看的心态去学习的奶奶，很快就学会了使用平板电脑。一开始，奶奶用得还不够熟练，元元就当起了奶奶的小老师，只是元元还没有学拼音，也不会写字，搜索资料还得靠奶奶用手写的方式输入。见奶奶搜索功能用得得心应手了，元元爸爸、妈妈提醒奶奶，网络上的知识良莠不齐，要注意甄别，并向奶奶推荐了几个相对专业、可靠的网站，让奶奶收藏起来，方便查询。奶奶一开始还半信半疑，这网上写文章的不都得是专家吗？还能有假、有错？后来看得多了，有了比较，才发现真是这么回事。感慨网络带来的便捷之余，奶奶也终于同意淘汰掉原来的“老人机”，紧跟时代，用上了智能手机。这回，奶奶不再“舍近求远”上社区去学习操作了，不懂的地方就大大方方地向儿子、儿媳请教。而元元呢，看奶奶搜索资料解答问题这么方便，心里羡慕极了，主动跟妈妈提出要求，要学拼音，这样遇上问题就能自己搜索了。妈妈见元元头一回对花花草草以外的东西感兴趣，还是语文的内容，激动地称赞奶奶和元元是一对彼此激励的好学伴！

分析

元元家的案例里，我们看到了一位在育孙过程中焕发出学习知识的热情，一步步敞开胸怀，去向不同对象学习的奶奶。元元奶奶本身喜爱养花养鸟，因而在植物方面的知识积累相对丰富，这也是为什么在元元一开始显露出对植物的兴趣时，奶奶能够成为她相关知识启蒙者的原因。不过，元元奶奶的这些知识主要来自自己养花养鸟的直接经验，以及几十年生活阅历中积累的常识，而并非来自专业化、系统化的学习，因此，当一家人来到植物园，面对众多不常见的植物时，如果不借助植物园的标签，奶奶便难以应付元元的问题了；至于后来祖孙俩围绕“会飞的植物”开展的一系列交流互动，虽然在奶奶看来是自己“信口开河”“出了洋相”，其实从本质来讲，与祖孙俩在植物园时的经历是相似的，就是某些知识已经超出了奶奶的经验和常识罢了。换句话说，在奶奶熟悉的知识范畴里，奶奶与元元之间是前者传授，后者学习的关系，然而对于超出一般常识的植物知识，奶奶就和元元同样处在了学习者的位置上。对于部分观念比较传统，过于强调长辈“尊严”的老人来说，要向晚辈承认自己“不知道”，甚至承认在某些方面，自己的知识可能“不如”晚辈，并非一件轻松的事情。事实上，不光是部分祖辈，包括一些年轻的父母，也会存在类似的想法，具体表现在，当他们无力应对孩子的“十万个为什么”而又不想丢了“面子”时，就干脆不许孩子提问；当他们被孩子指出知识上的错误时，不是坦然接受，而是试图转移话题，甚至恼羞成怒。案例中元元奶奶也曾因为被元元指出错误而感觉“不好意思”“出了洋相”，但元元奶奶接下来的做法却是值得肯定和借鉴的，即一方面接受自己的不足，另一方面把尴尬的情绪转化为学习的动力，迈出了跟元元共同学习、共同进步的第一步。

美国学者玛格丽特·米德在《文化与承诺：一项有关代沟问题的研究》一书中从文化传递的角度，将人类社会从古至今的文化传递模式分为三种基本类型：前喻文化、并喻文化和后喻文化。“前喻文化是指晚辈主要向长辈学习；并喻文化，是指晚辈和长辈的学习都发生在同辈人之间；后喻文化则是指长辈反过来向晚辈学习。”我国学者周晓虹提出“文化反哺”的概念，用以指代“由年轻一代将知识、文化传递给他们在世的前辈的现象”。如果从中国家庭的实际情况来看，米德所说的三种文化传递模式可以说是同时存在的。但是对许多祖辈来说，承认并适应三种学习模式的并存，特别是接受来自晚辈的知识和文化“反哺”，同样需要一个过程。回到元元家的案例，我们发现，在学习上网和相关媒介素养知识的过程中，元元奶奶的态度就经历了从“婉拒”儿子的指导，“舍近求远”到社区学习，到和“小老师”元元进行互助式学习，再到“半信半疑”地接受来自儿子、儿媳的建议，最后主动向儿子、儿媳请教这样一系列的转变。而这每一次转变，都让奶奶得以获取更多的知识和技能，从而增强在互联网时代生活和学习的适应能力，同时也增进了三代人之间的交流和理解。此外，奶奶的好学求知反过来也激发了元元的学习热情，成为了元元的好榜样。

建议

给祖辈的建议

首先，随着时代的进步，无论是为了更好地教育孙辈，还是为了满足个人爱好、丰富晚年生活，亦或两者兼而有之，祖辈们都应该树立终身学习的意识，这里所说的学习不仅指那些育儿相关的理念和知识，还可以包罗万象，就像案例中元元奶奶和元元共同学习她们都感兴趣的植物学知识那样。

其次，祖辈们要善于发掘和利用周围的学习机会和学习资源。现代社会，特别是在城市中，老年人继续学习的渠道选择还是比较多的，传统的方式如读书看报，新兴的方式如网络在线学习，除此以外，一些社区和社会团体也会组织符合老年人爱好的兴趣活动，当然还有专门为老年人开设各类课程的老年大学。有学习需求的祖辈，平时要留意相关信息和资源，善加利用。

最后，祖辈们要敢于、乐于向晚辈学习。年轻人通常对于新事物有较高的敏感性和吸收能力，特别是进入互联网时代以后，不光是年轻的父母，包括许多尚未成年的孩子，也有机会接触到大量新的知识和信息，其中有许多或许早已超越祖辈原有的知识库。通过向晚辈学习，祖辈们不仅可以扩充自己的知识，更新固有的经验和认知，还增强了代际之间的亲密关系，可谓一举多得。

给孩子父母的建议

互联网时代，有许多老人加入了上网大军并逐渐开始习惯通过网络了解各种信息，不过总地来看，老年人从网络上获取、分析、评价各种信息的能力仍然弱于年轻人，最常见的问题就是面对网上的信息难辨真伪，容易轻信甚至上当受骗。因此，对于存在这类风险的老人，儿童父母应选择适当的方式提供一些上网建议，帮助祖辈提升媒介素养，从而更好、更安全地享受互联网带来的便利。

3 升级新技能

案例

自从当上“全职爷爷”，一一爷爷感觉自己仿佛开启了一扇通往新世界的大门，年轻时候没时间、没机会甚至是从没想过要掌握的技能一项一项都武装到位了，最关键的是，学习的初衷本来是为了更好地照顾一一，不承想，到后来爷爷

自己倒是乐在其中了。

一一爷爷学会的第一项技能便是做饭。一一爷爷是个热爱美食的人，但在退休前，他基本没动过自己做饭的念头。那时候爷爷午餐一般在单位食堂解决，方便是方便，不过口味自然不好讲究什么；至于晚餐，由于一一爷爷工作忙，回家晚，再加上老两口结婚几十年，习惯了男主外、女主内的传统分工模式，虽然一一奶奶的厨艺在爷爷看来算不得高明，但爷爷奉行的相处之道一向是鼓励为主，因此也就这么高高兴兴地吃了几十年。如今退休了，来到一一家帮忙照顾一一和丫丫，奶奶忙着对付两个小家伙都忙不过来，做饭的任务就交到了爷爷手里。爷爷一辈子没动过锅铲，一开始难免手忙脚乱，电饭锅忘记摁开关、炒鸡蛋里吃出蛋壳之类的意外没少发生过，好在大家对爷爷的状况百出都很包容，一一妈妈还专门从网络上搜寻了烹饪视频推荐给爷爷学习。爷爷自己也是个不轻言放弃的人，每天都斗志满满地钻研厨艺。慢慢地，虽然爷爷的土豆丝看上去还是更像土豆条，但菜的味道却越做越好，花样也越来越丰富，八大菜系都有所涉及不说，爷爷的香煎三文鱼奶油意大利面还荣登一一最爱食物榜榜首，这回轮到大家发自内心地感叹：爷爷就是隐藏的“厨神”啊。

一一爷爷带孙期间开发出的第二项技能是游泳。爷爷以前那可是正宗的“旱鸭子”，不仅不会游泳，还特别怕水。

可是，一一1岁半那会儿，爸爸、妈妈听说游泳对孩子身体很有好处，但咨询课程顾问，才知道需要有成人下水陪着。这下一一爸爸、妈妈犯难了，一周2次课，周末的一次自然是爸爸、妈妈去陪，周中那次可怎么办？爷爷怕水，这是全家人都知道的事情，就不提了。奶奶也不行，奶奶虽不像爷爷那么怕水，但听说这种游泳课还需要在水里把孩子一会儿扛着一会儿举着的，奶奶本来就有肩周炎，肯定弄不动。没想到，爷爷这时突然一语惊人：为了孙子，拼了！怕水怎么办？先去学游泳！说干就干，爷爷立刻让儿子帮自己报了游泳班。游泳课每次一个小时，下课后爷爷还要自己再加量练习一个小时。就这样，曾经只要水一齐腰就两腿发软的爷爷，只用了两周的时间就学会了游泳。一一的亲子游泳课于是得以顺利启动，而爷爷也感觉到游泳给自己身体带来的好处，喜欢上了游泳，这不，每天下午奶奶带丫丫睡觉那段时间，爷爷都会去附近游泳馆游上几百米，爷爷还向奶奶发出邀请，等丫丫上幼儿园了，两个人一起去游泳，包教包会。

分析

一一家的案例中，我们看到了一位有活力且充满自信的爷爷。爷爷的活力，体现在身体和大脑两个方面。曾经是“旱鸭子”，非常怕水的爷爷，能够每天坚持练习游泳两小时，并且在短短两周时间内一举学会游泳，相信这对于许多年轻人来说也不是容易的事情。这件事展现出爷爷在身体运动方面的活力。而从没动过锅铲的爷爷，凭着对子孙、对生活的爱和一股子钻研精神，竟能挑战八大菜系，并且中西餐贯通，这其中或许有爷爷退休前未能得以开发的厨艺“天赋”因素，但毋庸置疑，这一切也是爷爷勤于动脑、善于动脑的结果。这件事展现出爷爷在大脑活动方面的活力。

在过去，事实上直到今天，许多人对于参与隔代教养的老人还存在着一种刻板印象，即认为参与隔代教养的老人全都“年老体衰”“缺乏活力”，但无论是从像一一爷爷这样的案例来看，还是从统计数字来看，真实的情况绝非如此。“祖辈参与”调研分别对参与孙辈教养的爷爷、奶奶、外公、外婆年龄进行考察，发现在被访儿童出生时，参与家庭教养的祖辈中，爷爷年龄中位数最大，为 58 岁；外婆年龄中位数最小，为 55 岁；奶奶和外公的年龄中位数都是 56 岁。根据国家卫生健康委 2020 年发布的《2019 年我国卫生健康事业发展统计公报》显示，2019 年我国居民人均预期寿命为 77.3 岁。对照祖辈们参与孙辈教养时的年龄和我国人均寿命情况来看，在儿童出生时，参与教养的祖辈大多还处于年富力强的生命阶段。“祖辈参与”调研还邀请儿童父母对儿童祖辈的健康状况进行评估，发现参与家庭教养的祖辈，身体健康平均得分达到“比较好”的水平。以祖辈为直接对象的调查同样发现，即使到了受照顾的孙辈已经进入小学中高年级阶段，也就是说，离祖辈们最初参与教养已经过去了 10 年左右，对于多数祖辈来说，“体力跟不上”并不构成教养孙辈时遇到的主要障碍。可见，虽然从自然的生命周期来说，祖辈们开始逐渐进入晚年，但晚年生活并非一定是暮气沉沉的，也可以充满活力，拥有美丽的夕阳红。

除了活力，案例中的一一爷爷也充分展现出自信的特点，具体表现在，面对诸如做饭、游泳这样自己从未接触过，甚至曾经有些畏惧的事情，爷爷仍然乐于、勇于去尝试，并且在遭遇“电饭锅忘记摁开关、炒鸡蛋里吃出蛋壳”之类的意外之后毫不气馁，越挫越勇，最终取得巨大的进步。一一爷爷的这些表现让我们感觉到，爷爷对自己的能力充满信心，仿佛只要爷爷想干的事情，就一定能干好。

我们认为一一爷爷在学习新技能时表现出来的这种自信，首先要归功于爷爷本身是一个具有较高的自我效能感的人。高自我效能感的人在应付各种不同环境的挑战或面对新事物时通常具有较高的总体的自信心。其次我们也注意到，爷爷的这种自信同样得益于家庭中传承的对家人“鼓励为主”的相处之道。在爷爷参与带孙前，虽然奶奶的厨艺算不得高明，但爷爷一直采用“鼓励为主”的互动方式，高高兴兴地吃了几十年。在爷爷参与带孙，自己抄起锅铲的时候，尽管“状况百出”，家人们也同样用这种“鼓励为主”的方式包容爷爷的生疏和失误，还向他推荐烹饪视频，支持爷爷不断进步，而没有去挑剔和指责。当爷爷厨艺越来越精进之时，家人们更是不吝赞美，封爷爷为“厨神”。毫无疑问，家人的态度和家庭的这种积极反馈的氛围对爷爷持续挑战新技能起到了重要的推动作用，没准爷爷能够克服畏惧心理，下定决心学习游泳，就有在挑战做饭技能时所收获的这些正向反馈的功劳呢。

建议

给祖辈的建议

首先，许多祖辈会发现，随着参与孙辈教养，自己需要升级甚至重新学习不少新技能。案例中我们就看到，因为——奶奶要照看孙子孙女，无暇分身，从没拿过锅铲的爷爷需要掌握做饭技能；因为孙子的游泳课需要成人参与，——爷爷又学习了游泳技能。案例中的这些还只是冰山一角，从如何泡奶粉、使用尿不湿、制作婴儿辅食，到孩子生病时配合医生要求在家做一些辅助性的治疗，再到为满足孙子、孙女学习、娱乐的需要而去学着玩益智游戏、操作电子产品等，当今中国的许多祖辈们在参与孙辈教养的过程中，真正践行着“活到老，学到老”。在面临学习某些新技能的挑战时，祖辈们产生一定的畏难情绪是非常正常的，不过，如果仅仅因为自己“老了”就认定自己“肯定不行”，面对新事物、新技术一味退缩、拒绝，倒不如尝试着去迎接挑战，这么做不仅能在带孙的过程中给予子孙更好的支持，为孙辈树立不怕困难、勇于接受新挑战的榜样，对祖辈自身而言，学习新技能也带来了诸多益处，如增加生活乐趣、有利身体健康、减缓脑功能衰退等，同时，成功掌握新技能，还能让祖辈体验到自我的成长进步，从而提升自我效能感和幸福感。

给孩子父母的建议

对于祖辈在教养孙辈过程中学习新技能的需求，儿童父母的态度应该是鼓励、支持的；对于祖辈在此过程中遭遇的困难，儿童父母应该给予切实的帮助；对于祖辈确实感到困难，不愿尝试的一些事情，儿童父母也应该给予充分的理解，不能为了自己方便就违背祖辈自身意愿去施加压力，使祖辈就范。相反，儿童父母此时应该协调各方面因素，积极主动去承担，或是通过调整家庭内外环境减少或消除一些让祖辈犯难的技能要求。以一一家游泳的事情为例，假设当初一一爷爷因为怕水，无法承担周中带一一游泳的任务，那么一一父母首先要做的不是千方百计地说服爷爷，而应该是去尝试把周中的课程安排到晚上自己下班后的时间，或是干脆调整上课的次数，等等。

小测试

请结合您在本章节学习到的内容，判断以下说法是否正确，共5道题目，每题20分，满分100分。

1. 多数城市儿童的父母同意“祖辈在育儿方面比父母更有经验”这种说法。

A. 对　B. 错

2. 祖辈与父辈教养方式一致的儿童，其出现的问题行为显著少于祖辈与父辈教养方式不一致的儿童。

A. 对　B. 错

3. “文化反哺”指的是由年轻一代将知识、文化传递给他们在世的前辈的现象。

A. 对　B. 错

4. 参与孙辈教养的老人全都年老体衰、缺乏活力。

A. 对　B. 错

5. “活到老，学到老”，祖辈应当成为终身学习者。

A. 对　B. 错

答案：1. B；2. A；3. A；4. B；5. A。

0—60分：对于祖辈“终身学习者”这一角色，您还需要进一步加深认识，继续努力哦！

80分：对于祖辈“终身学习者”这一角色，您已经有了比较好的理解，不错！

100分：对于祖辈“终身学习者”这一角色，您已经形成了完整而准确的认知，为您点赞！

第五章

互尊互爱的家庭成员

因为联合教养孙辈的缘故，儿童祖辈与父母无论在活动空间还是互动的内容上都产生了更多的交集，比先前更为频繁的交流互动一方面让两代人之间的关系更为紧密；另一方面，有时是出于育儿方法、理念上的分歧，有时是出于祖辈们和年轻父母在生活习惯、价值观上的差异，两代人之间发生摩擦的几率也上升了。如何化解潜在的代际冲突？这就需要祖辈们充分发挥人生智慧，在参与孙辈教养的过程中，既做到爱自己，即能够正视并合理满足自身的各种需求，活出自己的精彩，又做到与其他的家庭成员互尊互爱，即把握好代际交往中的界限感，做到“亲密有间”。此外，在我国城市家庭中，还存在着一定比例为了参与孙辈教养而流动到子女居住城市生活的“老漂”一族，他们在教养孙辈的过程中，面临的不仅仅是生活常规的改变和身心的操劳，还有因为脱离熟悉的生活环境和社交圈所带来的不便和孤独。关于“老漂”祖辈如何融入新的环境，拥有高质量的“老漂”生活，我们也将在这一章进行探讨。

1 带孙的日子，我有我精彩

案例

甜甜奶奶今年 67 岁了，不过，头一回见她的人，都以为她还不到 60 岁呢，更想不到甜甜已经是她照顾的第二个孙女了。都说带孩子熬人，多少祖辈虽然对带孙的辛苦甘之如饴，但偶尔翻到带孙以前的老照片，还是难免要感慨：这几年

老得真是快啊。所以经常会有人跟甜甜奶奶请教，她是怎么一边带孙一边还能保持“青春”的。

其实，甜甜奶奶也是吃一堑长一智，带大孙女的时候她也经历过没日没夜、全身心都扑在孩子身上的三年。结果，“孙女养成了个白白嫩嫩的小公主，奶奶倒变成了干干瘪瘪的老巫婆咯”，甜甜奶奶说。这还是其次，那三年最让甜甜奶奶困扰的是，因为带孙女，自己跟同在一个屋檐下的大儿子、大儿媳小摩擦不断，连老伴儿都时常劝她：“孩子是他们的孩子，你不要老想替他们做主。”好不容易等到大孙女上了幼儿园，奶奶立刻搬回了自己家，好在大孙女每次见到奶奶仍然亲得很，而且也许是因为“距离产生美”的缘故，回自己家以后，奶奶和大儿子、大儿媳的关系反而融洽了不少。

所以，当甜甜出生，小儿子、小儿媳来请奶奶带孙女时，有了前车之鉴的奶奶先跟小两口来了个“约法三章”：(1)白天过去带孙，晚上回自己家；(2)周末休息；(3)如果爷爷、奶奶有事，儿子、儿媳负责安排带孩子的人手。头一回听奶奶说出这想法，老伴儿还担心是不是有点“不近人情”，而且跟大儿子那边也没有“一碗水端平”啊。没想到小儿子、小儿媳听了之后竟欣然接受，还提出如果爷爷、奶奶愿意，可以在小区给他们租个一居室住，免得来回奔波。奶奶这回打定了主意要保留自己的生活，笑着谢绝了：“不用，爸妈在自家小区住惯了，而且你爸能开车，早上过去我们还可以从这边菜场带上菜，多方便。”

有了带大孙女的经验，这回带甜甜，奶奶觉得顺手多了。而且这一回带小孙女，奶奶叫上退休的老伴儿搭手，两个人分好工，上午爷爷给甜甜讲故事、陪甜甜玩，奶奶呢，就给甜甜搞生活；下午甜甜要午睡，爷爷可以去不远处的小河边钓钓鱼，或是找人下下棋，奶奶则正好练练舞蹈，因为晚上还要回去给社区的广场舞队领舞呢。自从开始跳舞，奶奶感觉身体强健了不少，人也有活力了，而且奶奶带着老姐妹们排的舞蹈还是社区每年“五一”“十一”的压轴节目，人气很高，每回表演可都是奶奶老年生活的高光时刻。等甜甜午睡起来，奶奶带她下楼玩，爷爷则回来准备全家的晚餐。此外，来时爷爷就提醒奶奶，之前跟大儿子、大儿媳发生过分歧的地方，不妨未雨绸缪，提前跟小儿子、小儿媳商量。这一招果然有效，两代人相处起来轻松和谐不少，而且“约法三章”的好处也显现出来。带大孙女的时候，晚上是奶奶带孙女睡，每晚喂奶、换尿不湿，还要惦记着给她盖被子，三年就没睡过一个整觉。因为睡眠不足，到了白天，人也总是头晕、头痛，这人啊，状态不好脾气就大，这时候要是儿子、儿媳再在一旁指手画脚，你一言我一语，火药味就出来了。但现在不同了，奶奶每天吃完饭，碗一放下就回家，正好赶上小区每晚 7∶30 的广场舞。跳完舞到家，奶奶一般会看会儿电视或是跟爷爷聊聊天，然后早早睡觉，第二天再神清气爽过来甜甜家。到了周末，爷爷、奶奶有时逛逛花鸟市场，有时约着老同学来个短途旅行，有时逛逛商场买件新衣服。到了周一，穿得漂漂亮亮地去带甜甜，甜甜妈妈打趣道："妈您真舍得，我在家带甜甜都舍不得穿新衣服。"奶奶笑道："大人穿漂亮了，也是给宝宝美的熏陶。"甜甜奶奶现在再也不是从前那个"干干瘪瘪的老巫婆"，而是成了小区里最时髦漂亮的奶奶，其他的奶奶外婆们一面羡慕甜甜奶奶"洒脱""有自己的时间"，一面也准备回头向儿女"请假"，要跟着甜甜奶奶去买衣服呢。

最近，甜甜爸妈计划带甜甜、爷爷、奶奶一起出国旅行，没想到爷爷、奶奶提出了"分开旅行"的建议，理由是双方各不迁就，彼此都更开心自在。这下，连甜甜爸妈都佩服他们的"洒脱"了，笑说："等我们老了也要像爷爷、奶奶学习呢。"

分析

"祖辈参与"调研发现，绝大多数祖辈认为参与孙辈的教养对自己具有正面的影响，这主要包括："享受天伦之乐"(76.6%)、"增进自己与子女的代际交流"(56.2%)、"增强活力，有利健康”(49%)、“打发空余时间”(28.4%)、“未来更能得到子女的赡养”(9.2%)等。同时也有将近一半的祖辈认为，带孙在某些方面给自己带来了负面的影响，主要包括："社交和娱乐受限”(25.9%)、“增加心理负担”(17.4%)、“增加自己与子女代际冲突”(16%)、“不利身体健康”(9.2%)、“增加经济压力”(5.8%)、“不利于祖辈夫妻关系”(2.6%)等。

甜甜奶奶两次参与照顾孙女，从中我们既可以看到带孙对奶奶的正面影响，也可以看到负面的影响。首先来看代际关系方面。在参与照顾大孙女的时候，甜甜奶奶因为全部时间和注意力都投注在孙女身上，自然会希望对孙女的事情拥有更多决策权和话语权，有时就出现了替孩子父母“做主”的情况，再加上同在一个屋檐下，跟大儿子、大儿媳抬头不见低头见，双方有分歧也缺乏缓冲的空间，结果就是两代人之间“小摩擦不断”，代际冲突明显。到了照顾甜甜的时候，奶奶生活中除了甜甜，还有老伴儿和自己的兴趣爱好，再加上带大孙女的经验教训，奶奶遇事更愿意与小儿子、小儿媳商量，把甜甜养育的决策权交还给她自己的父母。除此以外，奶奶白天带孙晚上回家，与孩子父母教养孩子的时间基本错开，这些都有效地减少了代际冲突发生的可能，因此两代人相处起来轻松和谐，代际关系因为甜甜的缘故反而更甚从前。

再来看“健康”和“社交娱乐”方面的影响。如果问照顾大孙女时候的奶奶，带孙是否有利于健康，是否能增强活力，自认变成了“干干瘪瘪的老巫婆”且那会儿时常头晕头痛的奶奶一定会大摇其头。相反，到了带甜甜的时候，奶奶有了与甜甜父母之间的“约法三章”，情况就完全改观了。

首先，通过“约法三章”的第一条“白天过去带孙，晚上回自己家”，奶奶得以保证晚间的睡眠，让自己可以神清气爽地开始一天的带孙活动。此外，奶奶选择居住在自己长期生活的社区，因而得以维持自己原来的社交、娱乐生活，有了每天回去“领舞”的动力，奶奶学会了在带孙的时候“偷闲”练舞，不仅锻炼了身体，丰富了自己的带孙生活，而且，奶奶发挥自己的舞蹈才能，带领老姐妹们在社区演出，收获掌声和赞美，也让奶奶的自我价值感得到满足。

其次，通过第二条“周末休息”，爷爷、奶奶得以修整一周的疲劳之余，还能满足自己逛花鸟市场、旅游这样的兴趣爱好，保持自己与老同学、老朋友的社交往来。这样一张一弛的生活节奏一定程度上缓解了爷爷、奶奶在社交和娱乐方面的受限感，纾解了因带孙的责任导致的心理压力。

案例中我们也看到，奶奶的一颗爱美之心也恢复了，“老巫婆”变成了看不出来已经 67 岁的最时髦漂亮的奶奶。不仅如此，甜甜奶奶的做法和她身上散发的活力还给周围其他的带孙祖辈带来了有益的启发。

由此可见，祖辈参与孙辈的教养并非一味奉献就好，完全放弃自己的兴趣爱好、社交娱乐，放弃属于自己的时间和空间，时间长了，祖辈恐怕很难保持身心的健康愉悦，还容易增加发生代际冲突的可能，影响和谐幸福的家庭氛围。相反，在为儿女付出、为孙辈付出的同时，祖辈如果能正视并合理满足自身的各种需求，活出自己的精彩，不仅让自己拥有了更为独立而惬意的晚年生活，这也会是儿女和孙辈所乐见的。以甜甜爷爷、奶奶婉拒小儿子、小儿媳全家旅行的邀约，提出分开旅行的建议为例，如果换做一般的祖辈，就算真的内心如甜甜爷爷、奶奶一般觉得分开旅行更好，“各不迁就，彼此都更开心自在”，通常也很难宣之于口。他们往往会体谅儿女的一颗孝心，还会担心如果拒绝显得“不近人情”，有违和睦之道；又或者他们会出于让子女好好放松的考虑，同意一同出行，只为了在旅途中可以帮助子女照顾孙辈。总之，儿女的需求、孙辈的需求、代际关系的融洽常常被放在比祖辈自己的想法和自身需求更高的位置上，似乎只有“委屈”才能“求全”。但甜甜家的例子却反过来告诉我们，只要双方互相理解和尊重，祖辈就可以在“洒脱”的同时“求全”，而且还能成为儿女心目中正面的榜样。

建议

给祖辈的建议

首先，许多老人出于对子孙的爱和责任，经常把儿女的工作、孙辈的教育看得比自己更重要，这种观念要不得。

其次，实践中，在教养孙辈的活动分工和时间安排上，祖辈要注意表达自己的意愿，而不是不顾自身状况又或是压抑自身需求在家务和孙辈养育活动中一味地配合儿女。

最后，老年生活不止于带孙，祖辈不妨早日发掘自身爱好，既是丰富带孙之余的晚年生活，待到孙辈离巢之时也能缓解空虚失落，有所寄托。

给孩子父母的建议

首先，儿童的父母作为家庭教育的第一责任人，应该知道在正常情况下，参与育孙并非祖辈必须履行的义务，因此在有祖辈参与育儿的家庭，儿童父母应主动征询并尊重祖辈对孩子的教养活动分工和时间安排上的想法，决不能只图自己轻松方便，不顾祖辈的需求。

其次，儿童父母眼里不能只有孩子没有老人，要关注老人的身心状态和需求，即使老人不提，也应该主动去发现并帮助老人满足他们在休息、娱乐、社交、自我发展等方面的需求。

2 不痴不聋，不做家翁

案例

小天家的祖辈带孙实行的是轮流制，虽然爷爷、奶奶、外公、外婆都不是本地人，但两边老人都希望能多跟孙子亲近，六口人商量的结果是每边带满半年后轮换。说到两代人共同生活，许多人下意识会认为最大的挑战来自婆媳关系，但

小天家恰恰相反，每回轮到爷爷、奶奶过来带孙，大家相处得还算轻松融洽，倒是外公、外婆在的时候，两代人却总免不了有些摩擦和别扭。比如，小天父母习惯晚睡，外婆呢，过了10点钟就总要劝他们一句，让小两口早一点休息。小天爸妈呢，嘴上虽然说着好，但屁股却常常不挪窝。要是外婆再多催上一催，小天妈妈顶多来一句："妈，知道啦，你先休息吧。"一来二去，外婆见每晚说也没用，又想出新的办法，比如有时旁敲侧击地提醒小天妈妈黑眼圈又重了，或是在通信软件上的家族群里转发一些熬夜对身体健康如何不利的文章。小天爸妈当然知道外婆也是为他们身体着想，但习惯难改，听多了只觉得耳朵都要起茧子，后来干脆一到晚上就钻进卧室里，躲个清静。如此虽然面上躲了过去，但小两口难免心里别扭，已经是做父母的人了，怎么在自己家里熬个夜还搞得偷偷摸摸的呢？

又比如，外公、外婆节俭了一辈子，平时用过的塑料袋都要洗干净，夹在晾衣绳上晾干了收好，以便重复使用；还有各种装酱料、酱菜、奶粉的瓶瓶罐罐，外公、外婆也都舍不得扔。有一回早餐正好吃完了一瓶果酱，洗碗的时候，小天妈妈顺手把果酱罐子扔进了垃圾桶，外婆眼尖看见了，赶紧去掏，一边说："这个瓶子挺好的，你怎么把它扔掉了？"小天妈妈回道："扔都扔了，脏了，不要了。"外婆说："洗一洗就好了，你们啊就是浪费，我们那个时候……”小天妈妈一听这话头，就知道外婆又要开始忆苦思甜了，赶紧打住：“好好好，随便你，随便你吧。”日积月累，不仅厨房几个抽屉、柜子都被塑料袋和空罐子塞得满满的，窗台上也整整齐齐摆上了一溜。小天爸爸有一次听同事推荐，高高兴兴买了一只空气炸锅回来，结果进厨房转了一大圈，愣是没找到能放炸锅的地方，于是提议清理掉一些不用的罐子。这回因为是女婿开的口，外婆不好直接反对，但心里多少有些不痛快，没想到就在这节骨眼上，平常买东西都不跟外公、外婆透露价格的小天爸爸，不知怎么，居然说漏了炸锅的价格，外婆一听这个锅居然要上千元，可心疼坏了，再忍不住：“这么贵！不能退吗？我从老家背过来的铁锅才几十块钱，炸东西就挺好的，昨天小天还吃了半盘我炸的酥肉。”小天爸爸意识到自己说漏嘴，忙说：“外婆做的酥肉确实香，以后用这个锅做，可以不放油，小天想多吃几块酥肉的时候，外婆也不用拦着他，担心吃多了不利于健康。”外婆听小天爸爸搬出小天的身体健康这面大旗，便不再多说，但还是心疼钱：“不放油怎么炸东西？哎，算了，买都买了，这东西这么贵，我怕给你们弄坏了，我还用我的铁锅。”小天爸爸赶紧说：“外婆放心吧，坏不了，明天周末，正好试试锅，这锅还可以炸薯条，以后也不用花钱去麦当劳了。”小天在旁边听到“薯条”两个字，立刻兴奋起来：“我要吃薯条！我要吃薯条!”外婆听到孙子表态,这才一扫郁郁。等小天妈妈下班回来,小天爸爸说起扔空瓶子和买炸锅的事情,小天妈妈庆幸道:“还好是你提出来的,要是我,我妈能说上一个礼拜。”

除了这些生活习惯上的小摩擦,最让小天父母接受不了的,是在夫妻俩发生争执的时候。要是爷爷、奶奶在的时候,小两口把门一关,就算有时声音高了些,老两口也都装没听见,从不介入。但外公、外婆在的时候就不一样了,外婆对“家庭和睦”格外执着,每回看见小两口有点风吹草动,都会立刻过来当和事佬。本来小天父母结婚多年,夫妻感情不错,就算偶尔有些争执,对他俩来说,也算是两人解决分歧的一种方式。只是现在外婆一出面,除非极特殊的情况,否则吵嘴自然是吵不起来的。但这么一来,常用的方法不能用了,小两口一时也弄不出个解决分歧的新办法,憋着一肚子情绪也没处发泄,只好冷战。原来吧,两个人之间有什么问题都不过夜,如今有了外婆“调解”,有时关系反而得一两天才缓得过来。小天妈妈也跟外婆提过,让她不要管他们之间的事情,但外婆很不理解:“这不是好心当成了驴肝肺吗?我都是为了你好,希望你们和睦,怎么在你嘴里反而变成了多余和过错了呢?”

分析

“祖辈参与”调研发现，以北京的小学生家庭为例，当儿童父辈结婚但未生育前，他们与儿童祖辈同住的比例约为三分之一(35.3%)；从儿童出生到上幼儿园前，这一比例有显著上升，约一半(49.7%)的儿童父辈与祖辈同住；在儿童上幼儿园期间，三代同住比例开始回落到与儿童父辈生育前相当的水平，为36.2%；最后，到儿童上小学以后，这一比例进一步下降到27.6%。上述数字的变化，透露出两个重要的信息。首先，在北京这样的大城市，传统三代同堂的主干家庭从比例上来看，已经不是最主流的家庭结构形式，这说明，我国城市家庭经历了“现代化”的过程，即由传统的带有庞大亲属群体的父系扩大家庭转变为小型化的核心家庭。其次，因为祖辈参与育孙，部分核心家庭会“临时性”地扩展为三代同堂的主干家庭，导致主干家庭比例伴随儿童年龄增长，呈现出由低到高再回落的变化趋势。这说明，城市家庭的核心化和小型化并不意味着家庭的孤立化，相反，核心家庭与亲属网络之间，特别是与儿童祖辈的家庭之间，依然保持着密切的联系，形成“核心家庭网络化”的现象。在核心家庭需要育儿支持时，正是这些亲属网络提供了包括人力、经济、社会资源在内的种种至关重要的帮助。因此，如果说西方家庭关系基本以夫妻轴为主，那么中国家庭则呈现出了夫妻轴与亲子轴并重的特点，这里的亲子轴指的是儿童祖辈与父辈之间的关系。

由于我国两性间平等性的增强以及独生子女因素影响，核心家庭与亲属网络中的夫族和妻族关系还出现了双系并重的情形。“祖辈参与”调研发现，参与儿童教养的祖辈当中，来自“小家庭”妻族的长辈，即外公、外婆，与来自“小家庭”夫族的长辈，即爷爷、奶奶，在参与教养的比例上是大致相当的，换句话说，在参与“小家庭”未成年后代的抚养和教育方面，妻族的长辈所发挥的作用并不亚于夫族的长辈。案例中小天家由祖父母和外祖父母家庭轮流照料小天，正是小家庭中夫族与妻族双系并重的一种具体表现形式。因此，在中国家庭中，特别是因祖辈参与孙辈教养而出现的临时主干家庭中，夫妻轴与亲子轴并重，夫族关系和妻族关系并重，使得这些家庭中儿童祖辈和父辈之间的代际关系在变得更紧密的同时又变得更错综复杂。

“祖辈参与”调研发现，有56.2%的儿童祖辈和50.4%的儿童父辈认为祖辈参与儿童教养对于儿童祖辈和父辈之间的代际关系具有正面意义，即“增进了两代人之间的代际交流”，同时，也有16%的儿童祖辈和23.6%的儿童父辈报告了祖辈参与教养给两代人关系带来的负面效应，即“增加了两代人之间的代际冲突”。代际冲突来自何处？除了两代人在育儿方法、理念上的分歧以及在育儿决策权、话语权上可能存在的微妙竞争，同样也来自老一代和年轻父母在生活习惯、价值观上的差异和碰撞。原先两代人分开居住时，这些差异还不易显露，因而在一定程度上可以做到“井水不犯河水”。如今，两代人因为联合育儿搬到一起，“抬头不见低头见”，代际空间距离的这一重要变化，使得双方的差异不断凸显、放大，这时，不管是祖辈也好，还是儿童父母也罢，如果表现出较强的控制欲，试图在相处中按照自己的标准改变对方，比如小天外婆努力想让小天父母改掉晚睡的习惯以及能在生活中更为节俭；或是过多地介入到对方个人的决策、事务、关系当中，比如外婆希望小天爸爸退掉“太贵”的炸锅，以及每当小天父母有分歧时，总是第一时间介入“调停”。那么，即使发起行动的这一方出发点是“为了对方好”，依然会在一定程度上对对方的独立性和自主性构成威胁，其中，对家庭人际关系的过度介入所带来的不良后果通常会比较明显，就像外婆的“好心”调解打破了小天父母之间业已形成的解决分歧的常规模式，间接导致小两口“冷战”，导致双方沟通关闭、修复关系所需时间增加等不良后果。

可见，当儿童祖辈和父辈之间频繁出现一方试图跨越界限，对另一方施加更多影响的情况时，除非对方足够包容理解，或是拥有很好的代际交往技巧，否则便难免生碰撞、起冲突。我们看到，案例中的小天父母实际上采取了回避（如小两口一到晚上就躲进自己房间）、让步（如小天妈妈不再阻止外婆捡空罐子）、解释（如小天爸爸解释新锅的好处）、主动沟通（如小天妈妈与外婆沟通，希望外婆不再介入她和小天爸爸之间的分歧）等一系列方式应对来自外婆的“关爱的压力”。仅从避免代际冲突的角度来看，这其中某些方式似乎还是起到了一定的作用，但不可否认的是，作为其代价，小两口也不得不更多地让渡在家庭中的某些自由和自主，因此，我们会看到，相比与“不痴不聋，不做家翁”的小天爷爷、奶奶相处时两代人所维持的相对轻松的关系，小天父母与小天外公、外婆的关系中则存在更多的紧张、别扭和压力。比如，小天父母感觉：“已经是做父母的人了，怎么在自己家里熬个夜还搞得偷偷摸摸的呢?”而为了不“刺激”小天外公、外婆，小天爸爸虽然是花自己的钱买东西，也会选择向两位老人隐瞒价格；对小天外婆来说呢，出于“为了你好”而对小天父母的一举一动都保持高度关注，同样会成为外婆自己的精神负担。而当自己提出的建议得不到采纳，或是采取的行动遭到拒绝时，外婆还会遭受到“好心被当成了驴肝肺”的失落感和挫败感。可见，在联合育儿过程中，儿童祖辈和父辈要保持健康的代际关系，非常关键的一点就是要在互尊互爱的基础上，把握好代际交往中的界限感，做到“亲密有间”。

建议

给祖辈的建议

首先，作为长辈，对于年轻人不同于自己的生活习惯、价值观念等，应尽可能地理解和包容。对于确实不能接受的，最好也采用平等交流的方式与年轻人进行沟通，并且点到即止。切忌将自己认为好的、对的一味强加给对方，要知道，虽然对方在身份上永远是自己的子女、晚辈，但他们毕竟已经是成年人，拥有自己的人生阅历，要相信他们能够对自己的人生负起责任，不要把他们当成永远的小孩，只要不是原则性的问题，不宜过多地干涉。

其次，小两口之间发生分歧时，作为长辈，同样要相信他们自己有能力和办法处理，因此，与其为他们充当和事佬或是仲裁者，不如遵照“不痴不聋，不做家翁”的传统智慧，给他们留出时间和空间自己解决分歧。否则，以长辈身份介入小两口之间的问题，一个处理不好，有时不仅帮不上忙，甚至可能是在帮倒忙。

最后，虽然联合育孙让两代人有了更亲密的接触和更频繁的互动，但正如之前建议祖辈不要把心思都放在孙辈身上一样，对于儿女一辈，同样不要因为近在眼前就过度关注。在子孙以外，祖辈应拥有更多的生活重心，无论是发展兴趣爱好也好，或是学习新知、与时俱进也好，又或者扩展社交也好，总之，要多去充实自己的生活，让自己享受更丰富的晚年时光。

给孩子父母的建议

首先，由于年龄、生活阅历的不同，老年人有时会对年轻人的一些生活习惯和思想观念不太认同，年轻人一方面要理解老年人的这种不认同，明白背后蕴含的关心和善意，在交流时注意与老年人沟通交流的方式方法；另一方面也可借机反思、采纳其中对自己确有帮助的部分。

第二，其实在代际交往中，不光是老年人可能会希望改变年轻人，也有部分年轻人随着自身阅历的增长，反过来希望改变老一辈的一些生活习惯和思想观念。比如有的年轻人会希望家中老人不要因为舍不得浪费而吃过期变质的食物，接受更健康的饮食结构，等等。年轻人在与老人沟通此类问题时，同样要采用老年人易于接受的方式，让对方感受到关心而非干涉。

3 隔代养育中的老漂和留守

案例

轩轩还在妈妈肚子里的时候，外婆就来了。轩轩妈妈刚怀孕的时候胃口不好，还总是孕吐，怀轩轩快 3 个月的时候比怀孕前还瘦了几斤，轩轩爸爸担心妻儿的身体，给外婆打

电话说想学一学轩轩妈妈小时候吃惯的几道菜，外婆一听，心疼坏了，第二天就去宰了几只肥鸡，又塞了满满一箱子各种食材、调味品，坐飞机来到了轩轩爸爸、妈妈生活的城市。本想着给女儿改善伙食，待一阵子就走，没想到居然就这么从夏到冬住了下来，看着轩轩出生，再到1岁、2岁……外婆原本跟女儿说好，等孩子上了幼儿园自己就回老家，毕竟俗话说得好，金窝银窝不如自己的狗窝，何况家里还有个老伴呢。没想到二孩政策放开，女儿、女婿响应国家号召，又怀上了二宝，这样，外婆回老家的日期又得往后推了。不过这一回，外婆想要说服外公一起过来。

原来外公之前一直上着班，单位福利好，三餐都可以在单位解决，所以外婆“老漂”这二三年，对老伴的生活也还算放心。但再过两个多月外公就要退休了，退休以后一天三顿饭就成了问题，毕竟外公一辈子忙事业，在外婆眼中，外公独立生活的能力实在不敢恭维，这不，去年全家回老家过年的时候，外公悄悄把外婆拉到一边，纳闷地问，不知道为啥最近衣服总是洗不干净，是不是洗衣机该换新了？外婆一看外公用的“洗衣液”，真是哭笑不得，原来外公把衣物柔顺剂当洗衣液买来用，而且都用了大半瓶了。

没想到外婆刚一提起让外公来女儿家的事，外公立刻把头摇得跟扇子似的：“我一个大活人，还能饿着自己？我想自己做随时可以做，不想做就到外面吃，又方便又自在。而且现在还有一两个地方说等我退休了返聘我呢。”外婆心想：“你那做饭不就是泡方便面吃？这么说更不能让你自己在家待着了。”于是外婆开始发动全家给外公做思想工作。终于，在打出小外孙轩轩这张王牌以后，外公动摇了，搬了过来。刚来的头两天，能天天看到小外孙，听到外孙嘟着小胖嘴叫“外公，外公”，外公心里还挺美的。不过时间稍长，外公就感觉到了落差。首先是地位的落差。外公退休前已经有超过40年的工龄，是单位里的老同志了，专业过硬再加上为人亲和，无论上级还是下级都很尊重他，开会的时候，外公的一些意见、建议，也总是能够被采纳。可现在到了女儿家，原来的工作经验都不作数了，在带孩子这个领域，外公空有满腔爱心，但毕竟是全家名副其实最新的“新手”，“新手”嘛，自然干啥都有人过来“指导”两句，这让外公颇有些郁闷。其次是自我价值感的落差，退休前，外公几乎天天加班，到了周末，工作电话也常常一个接一个，仿佛单位离了他就没法运转了。现在真的退下来，回归家庭，外公感到自己成了个“可有可无”的人，也就只有陪外孙玩，还有替外婆跑腿买根葱蒜这样一丁点“作用”。最后还有社交关系的落差，因为老家住的房子属于单位配套，一个小区里基本都是熟人，出门散个步，外公都能散上2小时，因为路上总能遇上些老朋友一块儿聊天。现在呢，要是自己单独出个门，那真是连说话的人都没有。虽然每天有个上蹿下跳的小外孙在旁边，但外公还是感到了几分孤独。

好在外婆是个“过来人”，很快察觉了外公的异样，于是先拉着外公参加了一回社区组织的周边游，一来让外公散散心，二来在两天的时间里，把外婆这几年在小区里认识的新朋友也乘机引介给外公。旅行的途中，外公、外婆得知最近社区正在组建老年合唱团，知道老伴儿有副好嗓子的外婆，回来立刻替外公报了名。外公一开始还怪外婆替他做主，不过半推半就地去了一次以后，自我感觉居然相当不错，之后每周 2 次的练习就可以说是风雨无阻了。到了元旦，社区组织联欢活动，老年合唱团也有演出，轩轩全家都去捧场，轩轩还为外公献上了一束鲜花。表演的视频，轩轩妈妈也发布在外公“家族群”里，外公远在老家的姐姐、弟弟、侄子、侄女纷纷给外公点赞，那天下午外公脸上乐开了花。

很快，轩轩上了幼儿园，开学前的家长会上，轩轩妈妈得知幼儿园每学期都会在家长中召集“护苗志愿者”，轩轩妈妈觉得既有爱心又有耐心的外公特别适合，回家把这个信息告诉外公，外公一听，这个好啊，这样既可以常看到外孙，又可以做点事发挥余热，立刻报了名。就这样，外公变得越来越忙，而且总是和孩子们在一起，外公觉得自己越活越年轻，每天都活力十足。

分析

当今中国人口流动频繁，年轻一代因为求学、工作等原因，有很大一部分人离开自己原先生活的地方，成为“漂”一族。等到这代人结婚生子，需要上一代人在养育下一代方面施以援手时，原本空巢的老人们也跟随子女的脚步，在晚年开启了背井离乡的生活，成为了“老漂”一族。据国家卫生和计划生育委员会公布的《中国流动人口发展报告 2016》显示，2015 年我国户籍不在原地且离开户口登记地半年以上的 60 岁及以上的流动老年人口数量接近 1 800 万。其中，为照料晚辈而流动是老年人口流动的三大原因之首，比例达 43%。“祖辈参与”调研也发现，有 36.5%的城市家庭中存在祖辈为教养孙辈而从原居住地流动到孙辈居住城市的情况。其中，有 59.4%的“老漂”是祖辈夫妻共同流动，有 40.6%是祖辈夫妻中一方流动。

在参与照料孙辈的祖辈中，不同于那些原本就与子女同在一个城市甚至同住一个屋檐下的育孙“原住民”，“老漂”们在照料孙辈的过程中面临的不仅仅是生活常规的改变和身心的操劳，他们脱离了熟悉的生活环境和社交圈，甚至连气候、语言、饮食习惯等都需要重新适应，这对于许多已经过了“知天命”甚至“耳顺”之年的老人而言，不得不说是一种挑战。就好像轩轩外公最初来到轩轩家时感到的“落差”和“孤独”，如果前者更多属于退休带孙祖辈所遭遇的心理困境中共性的部分，那么后者则是在“老漂”们身上更为凸显的特性。是否能突破这些困境，既与“老漂”祖辈自身的年龄、性格、适应能力，甚至兴趣爱好的多寡等有关，也与来自家庭内部和外部的支持紧密相关。

在轩轩家的案例中，我们看到了在家庭内部，轩轩全家为外公融入新的环境做出的努力，例如支持外公的合唱团活动，为外公的合唱表演捧场、献花，以及将表演分享到外公“家族群”，这些做法能帮助外公在新环境中找到归属感和成就感。此外，轩轩妈妈积极向外公传递幼儿园征集志愿者的信息，使外公得以在家庭以外承担一份社会职责，丰富晚年生活、扩大人际交往之余也收获了被需要的感觉，提升了自我价值感。轩轩家的例子还有一个较为特殊之处，就是虽然外婆与外公同为“老漂”，但外婆“老漂”的时间早了几年，并且已经结交了不少新朋友，发展出了自己在社区的社交网络，外婆显然还对社区所提供的休闲娱乐资源拥有自己的信息获取渠道，因此不需要依赖子女就可以独立选择、安排“周边游”这样的属于自己的周末活动。有外婆做桥梁和示范，显然对轩轩外公较短时间融入社区的老人社交圈产生了直接的影响。

前面提到，研究发现，参与照料孙辈的“老漂“祖辈中有四成为夫妻双方仅一方流动。那么有流动的一方，自然有“留守”原居住地的一方，这就导致了祖辈夫妻两地分居的问题，虽说也有祖辈像轩轩外公一样，觉得独自“留守”不是问题，一个人可以“又方便又自在”，甚至有的祖辈愿意享受“距离产生的美”，但对于另一些祖辈来说，一漂一留实在是不得已而为之，这过程既夹杂着对对方的思念和担心，也包含着独自生活的孤独和不便。就好像案例中轩轩外公、外婆团聚前，觉得“留守”不是问题的外公也会遇到把衣物柔顺剂当成洗衣液，用了挺长时间而不自知的尴尬事，而“漂泊在外”的外婆则无法对外公退休以后可能会面临的三餐质量问题释怀。其实，这种在日常生活事务中，夫妻一方依赖另一方的情况显然并非轩轩家独有，而是普遍存在于许多祖辈家庭中。因此，对于这些祖辈家庭来说，无论是“漂”的一方还是“留”的一方，都难免经受分离的负面影响。除此之外，有一些年龄较大或身体健康状况相对较差的留守祖辈，可能会面临受伤、犯病而不能及时被发现并得到救治的风险。虽然从实际观察中，我们也看到隔代教养中的“老漂”具有一定的阶段性，通常在孙辈上幼儿园、上小学、上中学等时间节点上，会出现部分“老漂”祖辈回流原居住地的现象。然而，三年也罢，六年也好，作为一种广泛而持续存在的社会现象，隔代教养中发生的“老漂”和“留守”问题不仅应引起家庭内部的重视，还应该得到来自社区、专业社会机构和政府的关注和支持。

建议

给祖辈的建议

首先，在决定为孙辈背井离乡“老漂”之前，祖辈可以通过跟其他有“老漂”经验的亲友交流，预先了解“老漂”生活的样貌和可能出现的困难，以便祖辈合理评估，从而就是否“老漂”前去照料孙辈做出最符合自己和家庭实际的决定。

其次，当初步决定前往子女生活的地方后，祖辈和子女应该对于需要祖辈给予育儿支持的总体时间长度和周期达成基本的共识。时间长度指的是总共有多长时间需要祖辈的支持，而周期主要是指到底是需要整年居住在子女生活的地方，还是每隔一段时间就可以回老家修整一阵。有的家庭中，祖父母和外祖父母家庭会轮流参与孙辈的照料，因而存在两家祖辈轮流的周期问题。如此提前达成共识，既有利于祖辈更好地规划自己的晚年生活，也避免了儿童祖辈和父母双方，甚至祖父母、外祖父母和儿童父母三方因为想法不一致导致后续矛盾或是导致孩子照料人断档的情况。

第三，“老漂”祖辈在新环境中如果感到适应困难，不要因为担心给子女增添烦恼就自己一个人默默承担，要懂得跟子女沟通，主动寻求帮助。祖辈也可以通过与新朋旧友交流获得心灵慰藉和有用的信息。都说孩子是大人天然的纽带，这个说法既适用于家庭之内，也适用于家庭之外。我们在许多成功的实践中看到，众多祖辈正是通过孩子在社区和幼儿园的活动，结识了新的朋友，得以更好地融入到新环境当中。

最后，因为老伴“老漂”而“留守”的祖辈，要尽量保持有益于身心健康的生活常规，同时与老伴、子女建立定期的电话或视频沟通机制。当遇到生病、受伤等情况时，也要及时让家人知晓，避免因为“报喜不报忧”而增加独居的风险。

给孩子父母的建议

首先，在邀请异地祖辈参与下一代的养育前，儿童父母应该跟祖辈就时间长度和周期、居住安排、祖辈迁来的旅费和生活费用，乃至教养的大致分工等祖辈可能关注的问题，与祖辈进行预先的协商。虽然有关这类事务的讨论对于原本住在同一地方的祖辈同样适用，但对于到了晚年却要面临背井离乡的“老漂”祖辈而言尤为重要。

其次，“老漂”的祖辈因为突然进入一个新的环境当中，在生活中对于子女的依赖性难免有所增强，儿童父母一方面应该理解这种依赖，给予老人更多的关怀和支持，另一方面也应该主动带领老人熟悉新的环境，为老人创造便利的生活、娱乐、社交条件。

第三，对于独自“留守”的祖辈，孩子的父母应该主动保持联络，了解老人的身心状况，利用节假日可以安排全家回老家探望，平时也可以协调时间，为“老漂”和“留守”的两位祖辈创造团聚的机会。有条件的话，孩子父母还可以委托与“留守”祖辈距离较近、值得信赖的亲戚朋友定期前往家中看望、陪伴“留守”的祖辈，减少因独自“留守”给老人带来的负面影响。

最后，“老漂”祖辈的归宿无外乎两种：其一是在某个时间节点回流原居住地养老；其二是留在子女生活的地方，就近养老。研究表明，有近十分之一的祖辈认为，参与孙辈照料使得他们未来可以更好地得到子女的赡养。而许多邀请上一代“老漂”过来照顾下一代的儿童父母，也存在就此留祖辈在身边赡养的想法，如果是这样，最好尽早跟祖辈相互确认，让“老漂”祖辈安心。

小测试

请结合您在本章节学习到的内容，判断以下说法是否正确，共 10 道题目，每题 10 分，满分 100 分。

1. 既然参与孙辈教养，祖辈就应该放弃个人的生活，一门心思放在孩子身上。

A. 对　B. 错

2. 在教养孙辈的活动分工和时间安排上，祖辈要注意表达自己的意愿，不能不顾自身状况一味地配合儿女。

A. 对　B. 错

3. 祖辈为照顾孙辈付出那么多，因此在孙辈的大小事情上替孩子父母做主也无可厚非。

A. 对　B. 错

4. 在参与“小家庭”未成年后代的抚养和教育方面，我国城市家庭中，外公、外婆发挥的作用不亚于爷爷、奶奶。

A. 对　B. 错

5. 在儿童祖辈和父辈之间，只要出发点是为了对方好，一方提出的建议和要求，另一方都应该无条件听从。

A. 对　B. 错

6. 在联合育儿过程中，儿童祖辈和父辈要保持健康的代际关系，非常关键的一点就是要在互尊互爱的基础上，做到“亲密有间”。

A. 对　B. 错

7. 调查发现，超过三分之一的城市家庭中存在祖辈为教养孙辈而从原居住地流动到孙辈居住城市的情况。

A. 对　B. 错

8. 作为“老漂”，到一个新的地方生活难免不适应，但再大的困难都应该自己克服，没必要让子女知道。

A. 对　B. 错

9. 孩子是大人天然的纽带，“老漂”祖辈可以通过孩子在社区和幼儿园的活动结识新朋友。

A. 对　B. 错

10. 留守独居的祖辈最好秉承“报喜不报忧”的原则，不要让远方的老伴和子女担心。

A. 对　B. 错

答案：1. B；2. A；3. B；4. A；5. B；6. A；7. A；8. B；9. A；10. B。

0—70 分：对于祖辈“互尊互爱的家庭成员”这一角色，

您还需要进一步加深认识，继续努力哦！

80—90 分：对于祖辈“互尊互爱的家庭成员”这一角色，您已经有了比较好的理解，不错！

100 分：对于祖辈“互尊互爱的家庭成员”这一角色，您已经形成了完整而准确的认知，为您点赞！

丛书后记

在每个人的一生中，都有很多第一次：对成年人而言，第一次走上工作岗位、第一次走进婚姻殿堂、第一次当爸爸妈妈……

今天，中国社会正在日渐老龄化，全国 14 亿人口当中，20％的老年人正在面临又一个新的第一次：第一次升格当爷爷奶奶或外公外婆、第一次参与第三代的养与育、第一次从三口之家走进三代同堂……

对我个人而言，早在 15 年之前，我就加入了老人的行列，进入了“祖辈参与第三代养育”的岗位，第一次体验了当爷爷、当外公的开心与烦恼。尽管我长期在上海教育科学研究院家庭教育研究与指导中心专门从事家庭教育研究工作，但是面对隔代教育，我却感到陌生与无知，甚至面对隔代亲的宠爱，我会感到手足无措、身不由己。

在陪伴孙辈的日子里，我又经历了许多人生新的第一次：第一次从家庭主角退居配角；第一次与女儿在教育观念上发生碰撞；第一次得体退出，学会放手，重新获得独立的生活空间……这是我人生道路上又一次新的探索、新的实践、新的体验和新的学习。

如果有人问我：当了15年祖辈，最深的体会是什么？我的回答是四个字：终身学习。为什么？因为当祖辈对每个人来说都是人生第一次，一切从零开始。如果光凭老经验、老资格，不可能成为智慧的长者。

如果你站在幼儿园、小学门口，你可以看到每天有许多老人已成为每个家庭养育第三代不可缺少的宝贵力量。在祖辈参与第三代养育的群体中，我们如果深入其中，做一番调查和了解，就会发现同样参与，其实参与度大不一样。有的祖辈参与度是100%，使自己成为孙辈的“奶奶妈妈”和“爷爷爸爸”。由于儿女责任转嫁，使自己“被爸妈化”了。有的参与度大于50%，成为养育孩子的主角，掌控了孩子的教育大权。也有不少祖辈心里非常明白：祖辈养育不可能也不应该替代亲子教育。因此，他们在家庭里正确定位，只当配角，不当主角。所以，在祖辈的队伍里，并非人人都能有这样的智慧和意识，关键还是学习。

在三代同堂的大家庭里，三代人都在学习：祖辈应该学习怎样当好爷爷奶奶，儿女辈应该学习怎样才能成为称职的父母，孩子则无时不在学习新知识、接受新事物。因此，幸福的家庭应站在这样的高度——祖辈的参与不要剥夺儿女学习怎样做合格父母的机会；不要剥夺孙辈走向独立成长的权利。只有这样，才有利于三代人共同成长和发展，这才是真正意义上的“三赢”。即孩子健康快乐成长，儿女争当合格父母，祖辈享受天伦之乐——这就是“隔代养育智慧丛书”出版的初衷和作者期待的目标。

“隔代养育智慧丛书”的出版，将为我国家庭教育的分支——隔代教育在多门学科研究和实践上留下第一行脚印，将为千家万户的祖辈养育与亲子教育形成合力指明方向和路径，将使三代同堂的大家庭更加幸福美满。

“隔代养育智慧丛书”的顺利出版，特别要感谢上海开放大学副校长王伯军同志，他是丛书的总策划，指导我们选题和撰写，把握丛书的方向和定位。还要感谢上海开放大学非学历教育部常务副部长王松华同志和副部长姚爱芳同志，他们给予丛书撰写具体的指导和建议，全过程参与了丛书的策划和定稿。

在丛书框架设计过程中，得到了中国教育学会家庭教育专业委员会副理事长孙云晓的指导和支持，也得到了江西教科所原所长谭虎先生的具体帮助和指导。

在“祖辈参与养育第三代的故事”征文活动中，微信公众号“育孙宝”为爷爷奶奶们提供了一个分享快乐、交流智慧的平台，朱俊涛老师为此付出了辛勤的劳动。

还要感谢丛书写作团队的每一位老师。在举国上下齐心协力抗击新冠肺炎疫情的日日夜夜，他们在繁忙的工作之余，为社会、为中国家庭教育奉献了自己的研究成果。本丛书的作者分别是上海教育科学研究院的房欲飞博士，上海社会科学院的王芳博士，北京师范大学的蔺秀云教授和江永强博士，中国教育学会家庭教育专业委员会副秘书长岳坤老师，上海交通大学附属新华医院的张家红主任和上海教育科学研究院的乐善耀老师。

在 2020 年敬老节即将来临之际，愿本丛书的出版，给太阳底下的老人，千家万户的爷爷奶奶和外公外婆带去一份节日的祝福。

乐善耀

2020 年 7 月 15 日